Fortale... para adolescentes

¡Cómo desarrollar una mentalidad, un carácter y una personalidad resilientes libre de temores, estrés y ansiedad!

Jennifer Williams

Tabla de Contenidos

Tus regalos ¡gratis!

Entre toda la literatura disponible sobre el tema, has elegido ésta. Muchas gracias. Como forma de agradecimiento, ofrezco valiosos recursos adicionales GRATIS para mis lectores.

10 presentaciones en video, 10 libros de trabajo, 10 libros electrónicos, 10 fichas de control, 10 archivos de audio, 10 listas de control, 10 mapas mentales.

Descubre estrategias comprobadas para lidiar con el trauma, el resentimiento, el fracaso, la decepción, la falta de autocontrol, la ausencia de sentido, las crisis existenciales, la falta de arraigo, los grandes cambios y los momentos estresantes con acceso GRATUITO a mis 10 cursos.

Cada uno incluye una presentación en video, un libro de trabajo, un libro electrónico, una hoja de ejercicios, una lista de verificación, un archivo de audio y un mapa mental, valorados en más de $9,000.

¡Accede a estrategias y herramientas de eficacia comprobada para incrementar hoy mismo tu paz interior y tu bienestar!

Para obtener acceso gratuito de inmediato, ve a:

learnfromjenwilliams.com/Jen-Free-Gifts

Curso gratuito 1 - 10 Estrategias exitosas para enfrentar traumas y eventos traumáticos. ¡Incluye video presentación, libro de trabajo de 35 páginas, ebook, hoja de control, lista de comprobación, archivo de audio y mapa mental! **Valor mínimo: $1,897.** ¡Te lo llevas GRATIS!

Curso gratuito 2 - 10 Estrategias exitosas para lidiar con cambios importantes cuando la vida se vuelve cuesta abajo. ¡Incluye video presentación, libro de trabajo de 77 páginas, libro electrónico, hoja de control, lista de verificación, archivo de audio y mapa mental! Valor mínimo: $699. **¡Te lo llevas GRATIS!**

Curso gratuito 3 - 10 Estrategias de afrontamiento exitosas para combatir los resentimientos están arruinando tu paz interior. ¡Incluye video presentación, libro de trabajo de 62 páginas, libro electrónico, hoja de control, lista de verificación, archivo de audio y mapa mental! *Valor Mínimo: $836.* ¡Te lo llevas GRATIS!

Curso gratuito 4 - 10 Estrategias de afrontamiento exitosas cuando sientes que tu vida está fuera de control. ¡Incluye video presentación, libro de trabajo de 46 páginas, libro electrónico, hoja de control, lista de verificación, archivo de audio y mapa mental! *Valor mínimo: $679.* ¡Te lo llevas GRATIS!

Curso gratuito 5 - 10 Estrategias exitosas para cuando sientes que tu vida no tiene sentido ni propósito. ¡Incluye video presentación, libro de trabajo de 71 páginas, libro electrónico, hoja de control, lista de verificación, archivo de audio y mapa mental! *Valor mínimo: $592.* ¡Te lo llevas GRATIS!

Curso gratuito 6 - 10 Estrategias exitosas para sobrellevar el fracaso. ¡Incluye video presentación, libro de trabajo de 64 páginas, libro electrónico, hoja de control, lista de verificación, archivo de audio y mapa mental! *Valor mínimo: $992.* ¡Te lo llevas GRATIS!

Curso gratuito 7 - 10 Estrategias exitosas para sobrellevar una crisis existencial. ¡Incluye video presentación, libro de trabajo de 80 páginas, libro electrónico, hoja de control, lista de verificación, archivo de audio y mapa mental! *Valor mínimo: $571.* ¡Te lo llevas GRATIS!

Curso gratuito 8 - 10 Estrategias de afrontamiento exitosas para cuando has perdido tu centro y no te sientes con los pies en la tierra. ¡Incluye video presentación, libro electrónico, ficha de control, lista de verificación, archivo de audio y mapa mental! *Valor mínimo: $392.* ¡Te lo llevas GRATIS!

Curso Gratuito 9 - 10 Estrategias exitosas para lidiar con grandes decepciones en tu vida. ¡Incluye video presentación, libro de trabajo de 88 páginas, libro electrónico, hoja de control, lista de verificación, archivo de audio y mapa mental! *Valor mínimo: $1,043.* ¡Te lo llevas GRATIS!

Curso Gratuito 10 - 10 Estrategias exitosas para sobrellevar el agobio y los tiempos abrumadores. ¡Incluye video presentación, libro de trabajo de 43 páginas, libro electrónico, hoja de control, lista de verificación, archivo de audio y mapa mental! *Valor mínimo: $1,362.* ¡Te lo llevas GRATIS!

Antes de comenzar, me gustaría pedirte un pequeño favor.

Cuando termines de leer el libro, ¿podrías publicar una reseña en la plataforma? La publicación de una reseña es increíblemente valiosa para una autora independiente como yo y me ayudará a continuar escribiendo. Muchas gracias. ¡Lo apreciaré mucho!

Simplemente sigue el enlace a continuación.

>> Haz clic aquí para dejar una reseña en Amazon y ver mis otros libros <<

Introducción

Trata de caminar hacia delante mientras miras a lo lejos y
verás lo que avanzas. Lo mismo ocurre con la vida. Mira
hacia delante.

- Martin Henderson

¿Sabes a qué le teme un búfalo, además de a ser devorado por
una bestia salvaje?

A las tormentas.

Temen tanto a las tormentas que cuando ven formarse
nubarrones hacen algo extraño. En vez de correr en dirección
contraria a la tormenta, van hacia ella.

¿Por qué lo hacen?

Para reducir el tiempo que pasan dentro de la tormenta, lo
que significa que pueden recuperarse más rápidamente del
estrés.

Esta es una analogía genial para describir la fortaleza mental.
No me imagino a una persona que sea resistente al miedo y
que vaya por la vida como si no se enojara o sintiera tristeza
de vez en cuando.

Me imagino a una persona mentalmente fuerte como alguien
que tiene una visión realista de la vida y entiende que a las

personas buenas también les pasan cosas malas. Esta perspectiva realista también les permite enfrentarse a sus miedos, adaptándose a los retos imprevistos de la vida y encontrando la fuerza interior para ser optimistas respecto al futuro.

En este libro aprenderás acerca de la fortaleza mental mediante la profundización en diferentes temas, tales como el desarrollo de la resiliencia mental y el dominio emocional, el cultivo de hábitos saludables y el establecimiento de objetivos ambiciosos.

Tu camino hacia la fortaleza mental acaba de empezar. ¡Disfruta del proceso de convertirte en la versión más resiliente de ti mismo!

La mentalidad "Soy posible"

Unos meses atrás, estaba navegando por mis redes sociales cuando me encontré con una publicación. Tenía el fondo blanco y en el centro estaba escrita la palabra en inglés "Impossible" (Imposible). Lo que lo hacía curioso era el hueco entre el "I'm" y el "possible", lo que creaba dos palabras que en español se traducirían en: Soy possible (I'm posible).

Cualquier otra persona que se hubiera topado con este mensaje podría haber pensado que era una cursilería. De acuerdo, el juego de palabras era un poco cursi, pero no el significado ni el mensaje. Muchas veces nos enfrentamos a situaciones difíciles en la vida que nos hacen perder la paciencia y la confianza en nosotros mismos. Creemos que nuestros problemas son más grandes que nosotros e imposibles de resolver.

No nos damos cuenta de que nuestra percepción es lo que hace que parezcan imposibles. Si verdaderamente creemos que no somos lo suficientemente buenos para tener éxito en la vida, entonces terminamos por ver la carencia, la miseria y los fracasos de las situaciones de nuestra vida. Sólo cuando entornamos los ojos y vemos el "soy posible" en lugar del "imposible", podemos cambiar nuestra perspectiva sobre lo que ocurre a nuestro alrededor y hallar soluciones a esas situaciones desesperadas.

Cómo utilizar este libro

El cometido de este libro es que los jóvenes aprendan el concepto de fortaleza mental. La fortaleza mental es, por definición, la capacidad de recuperarse de las adversidades. No se trata de evitar las dificultades, sino más bien de encontrar formas saludables de afrontarlas.

El motivo por el que es importante desarrollar la fortaleza mental es el carácter impredecible de la vida. Un día todo parece ir bien: obtienes excelentes notas, tus amistades se fortalecen y tu vida social prospera. Pero de pronto, sin ningún aviso previo, todo lo que creías estable comienza a derrumbarse y te quedas pensando qué hacer y cómo restaurar el orden.

El valor que se encuentra dentro de este libro está contenido en los ejercicios prácticos y las técnicas paso a paso que te enseñaremos. Sin comprometerte a practicar estos ejercicios, te resultará difícil desarrollar la fortaleza mental. Para triunfar en cualquier cosa en la vida hace falta trabajar duro y lo mismo ocurre con el aprendizaje de habilidades vitales como la resiliencia y la autodisciplina. Lo que aprenderás en este libro puede cambiarte la vida, pero únicamente si pasas a la acción.

Se trata de aplicar la información en lugar de limitarse a leerla. Si estás listo para aprender lo que significa ser mentalmente fuerte y superar los retos modernos de esta época, ¡sigue leyendo!

Capítulo 1: La fortaleza mental y la resiliencia

Tienes el poder de controlar tu mente, no los acontecimientos externos. Compréndelo y encontrarás la fuerza.

–Marcus Aurelius

En este capítulo aprenderás:

- La definición de fortaleza mental y las características de una persona mentalmente fuerte.

- Rasgos de resiliencia mental y formas prácticas de pensar con más flexibilidad.

El secreto de un compromiso a prueba de balas

Michael Jordan, la leyenda del baloncesto de la NBA, cuyo nombre figura en el Salón de la Fama del Baloncesto Naismith Memorial, no tuvo unos comienzos exitosos en su carrera deportiva Su entrenador en el instituto lo echó del equipo porque medía veinte centímetros menos de lo que debía y no se esforzaba tanto como los demás miembros del equipo.

En vez de permitir que las críticas lo afectaran, decidió aplicar una estrategia: superaría a los demás jugadores dedicando más horas a entrenar en la cancha y mejorando su técnica. Con el tiempo, consiguió llegar a los Tar Heels de la Universidad de Carolina del Norte y, más tarde, a los Chicago Bulls.

Fue sólo el principio de su increíble carrera como jugador de baloncesto. Nada de esto habría sido posible si hubiera decidido rendirse muchos años atrás, en secundaria. A propósito de su éxito como jugador dijo: "En mi vida he fracasado una y otra vez. Y es por eso por lo que tengo éxito".

Comenzamos este capítulo con la historia de Michael Jordan porque constituye un buen ejemplo de una persona que demuestra fortaleza mental, dentro y fuera de la cancha. La fortaleza mental se puede describir como una característica de la personalidad que presentan las personas que actúan con constancia cuando están sometidas a presión y muestran otras cualidades similares, como la resiliencia y la perseverancia.

Generalmente, es fácil identificar a las personas que presentan esta característica de la personalidad porque son las que suelen trabajar más duro que los demás, buscan maneras de responsabilizarse de sus objetivos y no permiten que los obstáculos les impidan alcanzar sus sueños. Cuando se concentran en algo, se convierte en su única prioridad. No hay ninguna otra distracción que pueda interponerse en su camino. Por eso, aunque no tengan necesariamente talento para lo que hacen, consiguen triunfar gracias a su fuerza de voluntad y a su actitud de no darse por vencidos.

Hay otras muchas formas de referirse a la fortaleza mental, como por ejemplo ser valiente, abierto y adaptable a los retos, o seguir adelante a pesar del miedo. Pero siempre que pienso en la fortaleza mental, me viene a la cabeza una persona que se niega a abandonar. Esto no sólo es válido a la hora de hacer deporte o de fijarse objetivos en la vida. También se aplica a la relación que tienes contigo mismo.

Cuando la perspectiva que tienes de ti mismo, de otras personas o de la vida en general es negativa, resulta muy difícil sentirte motivado para adquirir hábitos saludables, entablar relaciones significativas y establecer objetivos ambiciosos. La fortaleza mental prepara tu mente para ver más allá de tus circunstancias negativas, para que puedas encontrar la fuerza que te motive cuando todo parece sombrío a tu alrededor.

Es lo que te ayuda a recuperarte tras cada tropiezo y a seguir creyendo en tu potencial. En vez de hacerte pensar que todo siempre saldrá bien, la fortaleza mental te enseña que, aunque las cosas no salgan bien, tienes la capacidad de levantarte e intentarlo de nuevo o tomar un camino diferente. Esta es la razón por la que una persona con fortaleza mental se niega a abandonar: Están convencidas de que nada les resulta imposible de conseguir si continúan persiguiendo sus sueños.

La fortaleza mental puede dividirse en dos partes: resiliencia mental y dominio emocional. En este capítulo exploraremos ambos aspectos iy te mostraremos formas prácticas de incorporarlos en tu vida!

La extraordinaria historia de la roca de Sísifo

Según el mito griego, Sísifo, rey de Éfira, vivió su vida como un criminal. Se metió en tantos problemas que Zeus decidió condenarlo con un castigo eterno. El castigo era empujar una gran roca hacia lo alto de una montaña. Pero Zeus diseñó la montaña de tal forma que cuando Sísifo llegase a la cima, la roca rodaría hasta abajo. Eso significaba que tenía que empezar de nuevo con esa tarea absurda una y otra vez.

Pero a pesar de lo agotadora que era la tarea física, mental y emocionalmente, Sísifo no se quejó. Supo encontrarle sentido al trabajo duro, en lugar de considerarlo un castigo. Cada vez que subía a la cima de la montaña, se imaginaba a sí mismo cada vez más fuerte, haciendo que el viaje le pareciera menos duro. Con el tiempo, empujar una roca montaña arriba se convirtió en parte de su destino, y esto le hizo aceptar su suerte.

Cuántas veces has pensado: "¿Por qué tengo que hacer esto?". O mirado tu larguísima lista de tareas o trabajos escolares y has dicho: "No voy a ser capaz de completarlo". La triste realidad es que la vida no siempre es emocionante, y hay épocas en las que la mayor parte del tiempo lo pasas realizando tareas rutinarias o difíciles. Durante esas temporadas, conviene vigilar qué sentido le das a esas tareas; en caso contrario, podrías sentirte desanimado y agotarte con facilidad.

Convencerte de que no vale la pena seguir con estas tareas rutinarias o difíciles equivaldría a negarte a empujar la roca hacia la cima de la montaña. Esta forma de rebeldía puede resultar fácil al principio, pero con el tiempo puede traerte problemas con los Zeus de tu vida (es decir, tus padres, profesores o entrenador). Asumir las dificultades resulta duro al principio, pero con el tiempo pueden darle sentido a tu vida y te ayudarán a desarrollar lo que se conoce como resiliencia mental.

Cómo una mente resiliente te garantiza un futuro pleno y sin estrés

La resiliencia es una característica de la personalidad relacionada con la capacidad de recuperarse después de afrontar dificultades. Una de sus principales cualidades es la capacidad de adaptarse a las situaciones de la vida y saber cuándo cambiar de rumbo o seguir avanzando. También significa que tu forma de pensar tiene que ser lo suficientemente flexible para afrontar las pérdidas repentinas y reaccionar con rapidez para resolver los problemas.

La resistencia que conduce a la fortaleza mental se denomina resiliencia mental. Hace referencia a la capacidad de adaptar tus pensamientos y de pensar más allá de tu zona de confort durante los momentos difíciles. En vez de derrumbarte o caer en un círculo de pensamientos negativos, puedes separar las emociones y la lógica y decidir con criterio.

El motivo por el que es tan importante desarrollar la resiliencia mental es que habrá situaciones en la vida que no podrás anticipar ni controlar. Por ejemplo, pasar de ser un adolescente que vive en casa a un joven adulto que va a la universidad en otra ciudad. También podría ser una situación que te sorprenda inesperadamente, como descubrir que reprobaste una materia en la escuela o saber que tu mascota está enferma de gravedad. En estas situaciones incontrolables de la vida, la resiliencia mental es lo que te mantiene centrado en encontrar la manera de salir adelante y sobreponerte a las adversidades.

Señales de que te estás convirtiendo en una versión valiente y resiliente de ti mismo

El desarrollo de la resiliencia mental no es un proceso inmediato. Son necesarios mucho tiempo y paciencia para reeducar la mente y afrontar el estrés de forma saludable. Es posible que a lo largo de los años hayas ganado cierto nivel de resiliencia, pero necesitas refrescar esas habilidades. A continuación, te presentamos algunos signos que revelan la fortaleza mental de las personas. Repásalos y descubre cuántos de ellos se reflejan en tu personalidad.

- **Sabes equilibrar la lógica con las emociones.** Eres consciente de que tus emociones a veces pueden nublar tu criterio y te esfuerzas por analizar tus pensamientos antes de aceptarlos como válidos.

- **Prefieres buscar una solución que lamentarte por el problema.** Te orientas hacia la búsqueda de soluciones, lo que quiere decir que, en los momentos difíciles, buscas diferentes maneras de protegerte o de salir del peligro lo antes posible (si es que tienes esa opción).

- **Te sientes cómodo adaptándote cuando te ves obligado a ello.** Cuando se presenta la necesidad de adaptarse al cambio, estás dispuesto a modificar tu rutina diaria, tus costumbres y a habituarte a vivir de otra manera.

- **Aunque tengas miedo, tienes confianza para confrontar tus temores.** Estás dispuesto a salir de tu zona de confort y a superar tus propios límites. No permites que el miedo te impida vivir una vida plena.

- **No consideras el fracaso como un callejón sin salida, sino como una oportunidad de aprendizaje.** Equivocarse o fracasar en algo, no supone nunca el final del camino para ti porque crees que con cada contratiempo vienen valiosas enseñanzas de vida.

- **Te aceptas tal y como eres, siendo sincero sobre la necesidad de superar ciertos hábitos.** No temes admitir que estás progresando, pero no dejas que tus debilidades te desanimen.

- **Puedes alegrarte de verdad por los demás sin menospreciarte por ello.** Eres capaz de separar lo que eres de lo que son los demás y, por eso, no tienes necesidad de competir. El éxito de otra persona no refleja nunca tus capacidades (o la falta de ellas).

5 métodos tradicionales para desarrollar una resiliencia mental estoica

Si la vida te ha golpeado fuerte, es totalmente aceptable que pases tiempo procesando lo sucedido y analizando lo que sientes. Pero nunca es buena idea permanecer deprimido porque, al poco tiempo, la desesperación, el estrés crónico y la ansiedad, empiezan a parecer normales. ¡Debes entrenar tu mente para recuperarte rápidamente de las situaciones estresantes y seguir adelante con tu vida con confianza!

Aquí abajo encontrarás 5 estrategias que podrás poner en práctica para desarrollar tu resiliencia mental.

1. Aprende nuevas habilidades

El aprendizaje de nuevas habilidades te coloca fuera de tu zona de confort y te lleva a explorar un mundo de información nueva. Además, puedes ganar confianza en ti mismo cuando adquieres una sensación de dominio y encuentras formas de mejorar tu calidad de vida con estas nuevas habilidades.

¿Qué habilidades nuevas adquiriste últimamente? O ¿cuáles te interesa aprender?

2. Establece objetivos ambiciosos

Establecer un objetivo, definir los pasos a seguir y recorrer el camino hasta ejecutar el plan, pueden aumentar tu resiliencia mental. Esto es así porque la mayoría de los objetivos, sobre todo los objetivos ambiciosos que superan tus límites, necesitan tiempo para completarse. Durante este tiempo, te verás obligado a buscar formas de mantenerte centrado, motivado y comprometido. Así, aumentarás tu fuerza de voluntad y te mantendrás fuerte hasta el final.

Plantéate un objetivo que puedas alcanzar fácilmente en un plazo corto (de cero a seis meses). Cuando pienses en tu objetivo, debes asegurarte de que sea concreto, medible, alcanzable, relevante y de duración limitada. Una vez fijado, establece las medidas que debes tomar y repártelas en tareas diarias, semanales y mensuales.

Aquí abajo tienes un ejemplo:

Objetivo: Levantarte a las seis de la mañana entre semana.

Pasos diarios:

- Trata de no comer o picotear después de las siete de la tarde.

- Apaga los dispositivos tecnológicos a las ocho de la noche.

- Acuéstate a las nueve de la noche.

- Programa tu alarma a las 06:00 de la mañana.

Pasos semanales:

- Practica ejercicio tres veces por semana, durante 15 minutos por sesión (ejercicios de baja intensidad a moderada que puedes hacer en casa).

- Aliméntate de manera balanceada, consumiendo muchas vitaminas y minerales. Evita las bebidas con cafeína y las comidas procesadas.

Pasos mensuales:

- Realiza una autoevaluación para registrar tus progresos y ajustar los pasos a seguir (si fuera necesario).

3. Enfréntate a tus miedos

La exposición controlada es un proceso para superar los miedos mediante una exposición lenta, poco a poco, a las situaciones que generan ansiedad. Puede aumentar la resiliencia mental porque te permite enfrentarte directamente a situaciones reales que han estado creando bloqueos en tu mente. La superación de los miedos incrementa la confianza que tenemos en nosotros mismos para afrontar con seguridad cualquier situación difícil.

¿Tienes alguna fobia que te gustaría superar? Escríbela a continuación y califica tu miedo del uno al diez (diez es extremadamente atemorizante).

A continuación, un ejemplo:

Fobia: Miedo a las arañas—8.5/10

26

Piensa en los pasos que deberías dar para enfrentarte a tu miedo. Redacta una lista de pasos y asegúrate de que el último consista en enfrentarte directamente con tu miedo.

Por ejemplo, el miedo a las arañas:

Paso 1: Mira el dibujo de una araña.

Paso 2: Mira una foto real de una araña.

Paso 3: Compra una araña de juguete con texturas.

Paso 4: Sujeta el juguete texturizado entre tus manos.

Paso 5: Visita una tienda de mascotas y observa las arañas en las jaulas.

Califica la intensidad del miedo ante cada paso, y fíjate el objetivo de empezar por el que menos miedo te produce y ve avanzando poco a poco hasta el que más miedo te produzca.

Por ejemplo:

Paso 1: Mirar el dibujo de una araña (2/10).

Paso 2: Mirar una foto real de una araña (4/10).

Paso 3: Comprar una araña de juguete con texturas (6/10).

Paso 4: Sujetar el juguete texturizado entre tus manos (7/10).

Paso 5: Visitar una tienda de mascotas y observar a las arañas en las jaulas (8.5/10).

4. Aprende del pasado

Tus experiencias pasadas te pueden servir como valiosa fuente de sabiduría. Mirando hacia atrás, podrás encontrar un significado para algunas situaciones que superaste. Naturalmente, algunos acontecimientos pasados te seguirán afectando. Pero también es probable que encuentres otros que te proporcionen valiosas lecciones de vida que podrás aprovechar.

Estas son algunas preguntas que te desafían a buscar significado en las experiencias pasadas ya superadas.

Recuerda un acontecimiento estresante que te haya servido para crecer. Podría ser, por ejemplo, cambiar de escuela, hacer amigos nuevos, llegar a la pubertad o tener problemas en la escuela. ¿Qué sucedió y cómo pudiste beneficiarte de esa experiencia?

_____

_____

_____

_____

_____

_____

_____

_____

Piensa en personas que hayan tenido un papel importante en tu vida. Pueden ser tus padres, abuelos, entrenadores deportivos, amigos o miembros de la comunidad local. Escribe lo que admiras de cada una de ellas y la forma en que te ayudaron a superar diversos retos de la vida.

_____

_____

_____

_____

_____

_____

_____

_____

Recuerda una situación muy estresante que no creías que ibas a superar. Puede tratarse de un examen reprobado anteriormente, un conflicto familiar, o una enfermedad grave. Durante ese período estresante, ¿Qué fortalezas personales aparecieron? ¿Cómo hicieron esas fortalezas que la situación fuera más tolerable?

_____

_____

_____

_____

_____

_____

Piensa en una crisis adolescente que alguna vez hayas vivido. ¿Qué consejo le darías a alguien que pueda estar pasando por el mismo problema? Si, por ejemplo, sufriste acoso escolar, puedes aconsejar a otro adolescente que busque el apoyo de alguien en quien pueda confiar.

5. Cumple con tus tareas

Cuando dices que vas a hacer algo, asegúrate de cumplirlo. No sólo mejorará tu forma de gestionar el tiempo y tus niveles de productividad, sino que además aumentará tu nivel de autoestima. Con el paso del tiempo, aprenderás a confiar en tu capacidad para lograr pequeños y grandes objetivos y te convertirás en alguien en quien los demás también puedan confiar.

¿Se te ocurren formas divertidas de comprometerte a completar tus tareas escolares o laborales? Utiliza tu imaginación para pensar de manera original.

A continuación, algunos ejemplos:

- Busca un amigo que también necesite ayuda para realizar las tareas y asuman la responsabilidad mutuamente. Programen una llamada semanal para revisar sus avances y hablar de sus preocupaciones.

- Establece un sistema de recompensas en el que te des premios pequeños y grandes cuando completes una tarea satisfactoriamente. No olvides que las pequeñas tareas reciben grandes recompensas.

- Configura recordatorios por hora en tu teléfono que te recuerden que debes cambiar de tarea.

- Coloca notas adhesivas con recordatorios en los lugares de la casa que sueles frecuentar.

Conclusiones del capítulo

- La fortaleza mental implica tener una actitud de no darse nunca por vencido. Aunque el objetivo parezca difícil o sientas que tu situación actual no va a mejorar, ¡te niegas a rendirte!

- No hay que confundir la fortaleza mental con ser positivo todo el tiempo. En ocasiones, te encontrarás ante situaciones de la vida que no puedes controlar y que te deprimirán. Pero cuando eres mentalmente fuerte, encuentras la fuerza interior para sobreponerte a tu situación actual y continuar poniendo un pie delante del otro, aunque tengas miedo o te sientas desmotivado.

Capítulo 2: Cómo manejar tus emociones y afrontar los retos de la vida con confianza

No quiero estar en manos de mis emociones. Quiero utilizarlas, disfrutarlas y dominarlas.

–Oscar Wilde

En este capítulo aprenderás:

- Las cuatro habilidades de la inteligencia emocional y ejercicios para ayudarte a cultivarla.

Dominio emocional

El dominio emocional, también conocido como inteligencia emocional (IE), constituye la segunda parte de la fortaleza mental y se puede definir como la capacidad de identificar y comprender las emociones, para poder empatizar con los demás y solucionar conflictos. Poseer fortaleza mental no implica automáticamente demostrar dominio emocional; esto es así porque la inteligencia intelectual (CI) no es la misma cosa que la inteligencia emocional (IE). Cada una de estas habilidades requiere estrategias diferentes y un tiempo considerable para su desarrollo.

Basta con que observes tus relaciones para darte cuenta del valor de tener inteligencia emocional. Consideremos los siguientes escenarios ficticios:

- Te acercas a un amigo íntimo para hablar sobre algunos problemas personales con los que has estado lidiando, pero en vez de escucharte, te interrumpe y comienza a contarte sus problemas y cómo incluso podrían ser peores que los tuyos.

- Te encuentras en una fiesta y lo estás pasando bien cuando de repente se produce una pelea. Lo único que ves son brazos y piernas volando por doquier y dos personas rodando por la pista de baile. La fiesta se suspende de inmediato y todos tienen que irse a casa.

- Un amigo y tú están resolviendo un conflicto, pero las cosas no salen como esperaban. Tu amigo exagera y empieza a gritarte, lo que te dificulta expresar tus verdaderos sentimientos y pensamientos. Ambos se van sintiéndose incomprendidos y ofendidos.

En la primera situación, lo que faltaba era empatía. Todo lo que querías de tu amigo era que te dijera: "Te escucho. Todo va a estar bien". Pero no fue eso lo que obtuviste. En vez de apoyar lo que te había pasado, tu amigo aprovechó la oportunidad para hablar de sí mismo. Esto es señal de poca inteligencia emocional.

Pasemos al segundo escenario. En este caso, el ingrediente que faltaba era falta de autoconciencia de los dos asistentes a la fiesta que se peleaban físicamente. No fueron capaces de controlar sus impulsos emocionales y actuar adecuadamente en un entorno social. Como consecuencia de tener poco conocimiento de sí mismos (y muy poco autocontrol), la noche de diversión de todos se arruinó. Esto también es un signo de baja inteligencia emocional.

Finalmente, en el tercer escenario, lo que faltaba eran capacidades de autoafirmación. Este conflicto entre tu amigo y tú podría haberse resuelto si ambos hubieran sido capaces de expresar sus necesidades con respeto, teniendo en cuenta las preferencias personales del otro. Los gritos y otras tendencias comunicativas agresivas no hicieron más que empeorar las cosas y hacer que ambos se pusieran a la defensiva. De nuevo, éste es un signo de baja inteligencia emocional.

El autor del best-seller *Inteligencia Emocional*, Daniel Goleman, descubrió cuatro habilidades para mejorar el nivel de inteligencia emocional: autoconocimiento, autogestión, conciencia social y gestión de las relaciones. Más abajo encontrarás una descripción de cada una de ellas y formas prácticas de cultivarlas.

Toma conciencia de ti mismo y conoce tu mente

La autoconciencia puede definirse como la capacidad de ser conscientes de nuestros propios pensamientos y sentimientos, y del impacto que pueden tener en nuestras acciones y comportamientos. No sólo es importante para entenderte a ti mismo, también lo es para saber enfrentarte a los demás.

Desde el momento en que salimos a la calle y nos relacionamos con la gente, nuestra forma de actuar es importante. Existen normas sociales que no están escritas y se practican en diferentes lugares, como escuelas, trabajos, bibliotecas y restaurantes. La autoconciencia te ayuda a determinar los comportamientos adecuados en cada entorno, los temas de conversación apropiados y cómo manejar las emociones fuertes para evitar ofender a los demás.

En un concierto, por ejemplo, está bien gritar con todas tus fuerzas, pero no es correcto hacer lo mismo en una biblioteca o en un funeral. En la mesa con tu familia, puedes hablar libremente de temas polémicos como política o religión, pero en una reunión con amigos, los mismos temas pueden generar enojo y provocar conflictos.

En el siguiente espacio, elabora una visión personal acerca de cómo deseas ser percibido por los demás. Escribe los puntos fuertes que te gustaría mostrar más, las características de tu personalidad que te hacen único y la impresión que quieres causar en otras personas.

A continuación, un ejemplo:

Me considero una persona amigable y segura de sí misma que disfruta de su propia compañía, pero que también ama socializar.

Soy amable con los demás y ofrezco consejos a otras personas. Pero también tengo límites y puedo decir que no.

Algo que me hace singular es mi capacidad para empatizar con lo que otros están pasando, también mi habilidad de hacer reír a la gente, así como mi capacidad para hacer amistad con quien sea.

Deseo que los demás se sientan aceptados y comprendidos. Me gustaría que dijeran: ¡Qué conversación tan interesante! ¡Quiero volver a hablar contigo de nuevo!

Autogestión

Otro término para referirse a la autogestión es el autocontrol. Cuando demuestras autocontrol, puedes regular tus emociones anticipándote a que dominen tu cuerpo. De este modo, activas tu lógica y encuentras las soluciones adecuadas a cada situación. El autocontrol supone un gran cambio en la escuela, el trabajo o en cualquier otro lugar en donde haya que rendir bajo presión. Te facilita el cumplimiento de tus planes y la adaptación a los cambios imprevistos de tu entorno.

Es posible controlar las emociones tan pronto como se detectan. Tomemos como ejemplo la ira. Si sientes algo de irritación, podrás notar una sutil tensión en las manos o los hombros y calmarla rápidamente distrayéndote. Pero en cuanto dejas que crezca hasta convertirse en un auténtico enojo, resulta mucho más difícil calmarte.

Piensa en alguna emoción que se desarrolle poco a poco, como la ira, y explica cómo te sientes durante los primeros instantes de dicha emoción. Durante las primeras fases de la ira, por ejemplo, te sientes irritable. También es posible que el ritmo cardíaco se acelere y que te suden las palmas de las manos.

_____

_____

_____

_____

_____

Ahora imagina cómo se siente la emoción cuando alcanza su capacidad máxima y domina tu cuerpo. Describe cómo te sientes y te expresas ante los demás. Si te invade la ira, por ejemplo, quizás tengas ganas de gritar, tirar algo, o aislarte del resto de la gente. Si hablas con otras personas, podrías gritar, decir groserías o echarles la culpa.

_____

_____

Finalmente, haz una lista de las señales de alerta que debes tener en cuenta y que indican que la emoción está aumentando y se está haciendo incontrolable (aprende a detectarlas lo antes posible para poder actuar). Algunas señales de alerta que indican que tu ira está aumentando son la dificultad para respirar, moverse de un lado a otro, no poder hablar, enrojecerse, llorar o elevar el tono de voz.

Comprende a los demás y construye conciencia social

La conciencia social es la capacidad de comprender las necesidades, emociones y preocupaciones de otras personas. Ya sea individualmente o en grupo, la conciencia social te permite interpretar la comunicación verbal y no verbal de otras personas y comprender lo que sienten o lo que necesitan en ese momento. Generalmente, cuando tu conciencia social es elevada, los demás suelen acercarse a ti al sentirse aceptados y comprendidos. Algunos incluso podrían felicitarte y decirte que sabes escuchar o que haces que se sientan cómodos para sincerarse.

Escribe las distintas formas en las que alguien puede mostrar su enojo sin usar palabras. Por ejemplo, apretando las mandíbulas.

_____

_____

_____

_____

_____

Escribe las distintas formas en las que alguien puede decir "necesito hablar contigo" sin palabras. Por ejemplo, quedándose en silencio.

_____

_____

_____

_____

Cuando una persona está incómoda en una situación social, ¿cuáles son los signos físicos que demuestra? Por ejemplo, cruzarse de brazos.

_____

_____

_____

_____

¿Cómo puedes saber si alguien no está prestando atención a lo que le estás diciendo? Por ejemplo, si mira hacia otro lado cuando estás hablando.

_____

_____

_____

_____

Cuando deseas expresarle amabilidad a un desconocido, ¿Cuáles son las distintas formas de hacerlo? Puedes mencionar estrategias de comunicación tanto verbales como no verbales. Por ejemplo, sonreír al pasar, o decir "¡Gracias!" después de que te atendieron.

_____

_____

_____

_____

_____

Cuando quieres decirle a un amigo íntimo o a un familiar lo mucho que lo aprecias, ¿Qué frases podrías decirle? Por ejemplo: "Gracias por estar siempre cuando necesito alguien con quien hablar".

_____

_____

_____

_____

Cómo hacer que tus relaciones sean siempre prósperas

Por último, la cuarta habilidad de la inteligencia emocional es la gestión de las relaciones. Se centra en la calidad de las relaciones que se establecen con los demás. Para sentirte pleno, es importante que aprendas a entablar relaciones tanto a corto como a largo plazo. Las primeras pueden ser con los profesores o los compañeros de clase, mientras que las segundas suelen ser con amigos y familiares con los que se tiene una conexión profunda. Sean cortas o largas, para mantener una relación sana es necesario mantener una comunicación abierta, límites sanos, reciprocidad y empatía.

Aquí abajo encontrarás 15 preguntas sobre las relaciones que puedes hacer a tus amigos, compañeros de clase, compañeros de trabajo o pareja para establecer lazos de comunicación y conocerlos mejor (¡y viceversa!).

1. ¿Tienes un apodo? ¿Cuál es su historia?

2. ¿Cuál es tu hábito o manía más extraña?

3. ¿Qué tipo de niño eras en la guardería?

4. ¿Cuál es tu lenguaje del amor y la amistad?

5. ¿Tienes algún talento oculto?

6. Si sólo pudieras llevarte tres cosas de vacaciones, ¿Cuáles serían?

7. ¿Eres muy unido a tu familia?

8. Si pudieras vivir en cualquier parte del mundo, ¿Dónde vivirías?

9. Si fueras el presidente de los Estados Unidos durante 24 horas, ¿Qué nuevas políticas aplicarías inmediatamente?

10. ¿Hay alguna causa social que apoyes?

11. ¿Eres una persona espiritual?

12. Si pudieras tener un súper poder, ¿Cuál sería?

13. Imagina que ganas la lotería y tienes un millón de dólares para gastar en lo que quieras. ¿En qué gastarías tu dinero?

14. Sólo puedes comer una cosa durante una semana. ¿Qué comida sería?

15. ¿Has conocido alguna vez a alguien famoso? Si no es así, ¿Hay alguien famoso a quien algún día te gustaría conocer?

Conclusiones del capítulo

- Podemos resumir la fortaleza mental en dos factores: La resiliencia mental y el dominio emocional (IE).

- La resiliencia mental es la capacidad de adaptar tu pensamiento, para que puedas orientarte hacia las soluciones y amoldarte a los cambios imprevistos en tu entorno. Por otro lado, el dominio emocional es la capacidad de identificar y comprender tus emociones, para poder empatizar con los demás y entablar relaciones significativas.

Ahora que sabes lo que es la fortaleza mental, vamos a hablar de las estrategias para desarrollarla. La primera estrategia que veremos es la adopción de hábitos saludables.

Capítulo 3: La ciencia de cambiar tu vida mediante hábitos cotidianos

No es lo que hacemos de vez en cuando lo que determina nuestra vida, sino lo que hacemos de manera constante.

–Tony Robbins

En este capítulo aprenderás:

- El proceso científico y psicológico de formación de los hábitos.

- Las tres etapas del bucle del hábito: señal, rutina y recompensa.

- Estrategias fáciles para romper el bucle del hábito y eliminar los malos hábitos o adquirir otros más saludables.

Simplifica el proceso de creación de hábitos duraderos

Un hábito es un comportamiento que se practica una y otra vez hasta que se convierte en automático. Tu cerebro almacena y memoriza la información que procesa cada día para que puedas pensar y reaccionar más rápido ante las tareas y acciones diarias. Imagina cuánto tiempo te llevaría cepillarte los dientes cada mañana. Sin la habilidad de formar hábitos, nuestra vida sería mucho más difícil.

El proceso de formación de hábitos se explica a partir de lo que dicen al respecto la ciencia y la psicología. En el ámbito científico, especialmente en el campo de la neurología, la parte del cerebro responsable de la formación de hábitos se conoce como ganglios basales. Entre otras funciones de esta región se encuentran procesar las emociones y detectar las conductas y los recuerdos.

Antes de que un comportamiento se transforme en un hábito, la corteza prefrontal (la parte del cerebro responsable de las decisiones) es activada. Cuando la corteza prefrontal está funcionando, uno es capaz de vivir nuevas experiencias, decidir entre acciones buenas y malas y desarrollar nuevas habilidades. Como es lógico, cuanto más placentero te resulta el comportamiento, más querrás repetirlo.

Con el paso del tiempo y de las repeticiones, las sensaciones placenteras harán que los ganglios basales despierten y comiencen a memorizar y aprender el comportamiento. En el momento en que los ganglios basales toman el control, la corteza prefrontal se adormece, y comenzarás a actuar de manera automática. Hay que tener en cuenta que no todos los comportamientos despertarán a los ganglios basales. Si por ejemplo no te gusta una tarea, será menos probable que se vuelva un hábito: puede que tengas que esforzarte cada vez que la hagas. La razón es que el cerebro está biológicamente diseñado para buscar el placer y evitar el dolor.

Dado que el cerebro no puede distinguir entre comportamientos moralmente correctos o incorrectos, hasta los malos comportamientos que proporcionan un cierto grado de satisfacción se pueden convertir en hábitos. Fumar cigarrillos, por ejemplo, puede considerarse un mal comportamiento. Pero esto no supone nada para tu cerebro. Si te sientes bien después de fumar un cigarrillo, tu cerebro reconocerá la sensación placentera y te convencerá de repetir el comportamiento una y otra vez. Por eso, es el mismo sistema cerebral el que te ayuda a adoptar buenos y malos hábitos.

Introducción al bucle del hábito

La psicología explica la formación de hábitos a través de lo que se conoce como el bucle del hábito. El concepto fue descubierto originalmente por Charles Duhigg en su libro *El poder de los hábitos* (Duhigg, 2014).

Su objetivo era crear un esquema que explicara las distintas etapas de la formación de hábitos. La comprensión de dicho esquema ayudaría a la gente común, como tú y como yo, a romper con los malos hábitos y a crear otros nuevos.

Hay tres etapas descritas en el esquema: la señal, la rutina y la recompensa. Antes de convertirse en hábitos, los comportamientos suelen pasar varias veces por cada etapa. Aquí abajo encontrarás un resumen de cada una de ellas.

1. La señal

La señal, o estímulo, es aquello que te lleva a pensar en realizar un comportamiento determinado. Puede tratarse de un estímulo interno, como acordarse de alguien o sentir una emoción determinada, o externo, como ir a la escuela, escuchar una canción o conocer gente nueva.

Las señales también pueden adoptar forma de símbolos, como una hora concreta del día, una fecha específica en el calendario, la recepción de una notificación en el teléfono o la asociación de una imagen con una acción específica. No existen reglas fijas sobre lo que puede y lo que no puede considerarse un estímulo, porque cada persona puede sentirse estimulada por algo diferente.

2. La rutina

La rutina hace referencia a lo que mucha gente llama "el hábito". Es el comportamiento particular que realizas, de una forma específica, en un lugar y momento determinados. Las rutinas son también aquello que solemos clasificar como "malo" o "bueno". Por ejemplo, no es saludable comer en exceso porque sobrecargas tu cuerpo con comida. Por otra parte, algunos malos hábitos se realizan involuntariamente. Es posible que seas consciente de lo perjudicial que es tu comportamiento, pero te resulte difícil dejarlo una vez iniciado.

3. La recompensa

La recompensa es la etapa final de la creación del hábito que hace que el comportamiento resulte irresistible. Siempre que realizas un comportamiento y sientes un "placer" al hacerlo, el cerebro desea más de esa sensación. Hay que tener en cuenta que hasta los malos hábitos proporcionan recompensas positivas. Puede que tengas el hábito de posponer las tareas escolares. Aunque esta costumbre pueda traerte problemas en la escuela, postergar o aplazar las tareas alivia la ansiedad y te libera de la presión. Por eso, puede resultarte difícil dejar el hábito a causa de la recompensa que obtienes.

Tal vez te preguntes cómo funciona el bucle del hábito en tus actividades diarias. A continuación, algunos ejemplos reales de cómo ciertos comportamientos se convierten en hábitos.

- **Ir al gimnasio:** Conduces hasta el gimnasio después de la escuela (señal), dedicas los siguientes 30 minutos a realizar tu entrenamiento físico de cardio (rutina) y te vas sintiéndote realizado (recompensa).

- **Alimentarte de forma emocional:** Te dan una mala noticia que te produce angustia (señal) y tratas inmediatamente de bloquear tus emociones ordenando comida para llevar en tu restaurante local (rutina). Al comer, te distraes placenteramente con la comida deliciosa y sientes alivio (recompensa).

- **Chismorrear:** Te aproximas a un grupo específico de amigos a los que les gusta el chismorreo (señal) y entras en su conversación (rutina). Mientras hablas con los demás, te sientes aceptado por el grupo, lo que te hace sentir bien contigo mismo (recompensa).

- **Navegar por las redes sociales:** Escuchas el sonido de una notificación y buscas tu teléfono (señal). Esto te lleva a abrir las redes sociales y empezar a navegar por las últimas noticias (rutina). Después de una hora más o menos, te sientes con energía, feliz e informado (recompensa).

- **Compras por Internet:** Aparece un anuncio en Internet con un código de descuento para tu tienda favorita (señal). Esto te lleva a hacer clic en el anuncio, visitar el sitio web y canjear el descuento (rutina). Al final, te sientes como un triunfador por conseguir una oferta en ropa (recompensa).

¿Se te ocurren otros hábitos que realices y que sigan el mismo proceso de tres pasos? Escribe cada uno en la línea correspondiente, junto con la señal, la rutina y la recompensa que lo refuerzan.

_____

_____

_____

_____

_____

_____

_____

_____

_____

Cómo elegir qué hábitos mantener y cuáles abandonar

De la misma forma que puedes hackear tu mente y modificar la programación subconsciente, puedes cambiar tus hábitos también hackeando el bucle del hábito. Los dos momentos en los que necesitarás hackear el bucle del hábito son cuando quieras romper malos hábitos, y cuando quieras aprender hábitos positivos. El mismo esquema te servirá en ambos casos.

A continuación, presentamos de nuevo un breve resumen del esquema del bucle de hábitos:

Señal: El estímulo que te hace recordar un comportamiento.

Rutina: El modelo específico de comportamiento que es realizado de la misma manera, todo el tiempo.

Recompensa: La emoción placentera que sientes después de la realización del comportamiento.

Estas son las estrategias que puedes emplear para romper el bucle de los malos hábitos:

1. Evita el estímulo

Cuando intentes abandonar un mal hábito, aléjate lo máximo posible del estímulo. Establece una distancia física y, cuando no puedas, encuentra otras actividades para distraerte y no pensar en ello o verlo. Para algunos estímulos que son realmente fuertes, como los recuerdos negativos de un hecho pasado o la incapacidad de evitar ciertos alimentos, puede ser necesario un apoyo extra que te ayude a evitarlos.

Puedes pedirle a un amigo que te ayude a ser responsable. Su función consistirá en recordarte regularmente el compromiso que has adquirido contigo mismo. Si por ejemplo intentas evitar las tiendas en línea porque siempre terminas comprando algo, pídele que una vez a la semana revise tus avances. Infórmale de tu éxito al evitar el hábito, así como los obstáculos a los que te hayas enfrentado.

Piensa en un mal hábito que te gustaría abandonar. Identifica la señal que desencadena el comportamiento automatizado y escribe algunas ideas sobre cómo impedirlo.

Por ejemplo, quizá quieras abandonar el hábito de comer a medianoche. El estímulo que desencadena el hábito es cuando llega esa hora.

2. Ten en cuenta la rutina

El motivo por el que muchos malos hábitos nos pasan desapercibidos es que los realizamos de manera inconsciente. Cuando eres consciente de tu comportamiento, podrás detenerte antes o durante la acción y tomar un rumbo diferente. Si, por ejemplo, deseas dejar de hablar negativamente de alguien, deberás practicar para ser consciente de cuándo empiezas a hacerlo.

Analiza la rutina: cómo empieza, se desarrolla y normalmente termina. Observa de qué humor te encuentras normalmente cuando se produce esa rutina, el lugar en el que te encuentras y la gente con la que estás. Observando todas estas señales te resultará más fácil darte cuenta de cuándo empieza el hábito y hacer lo contrario.

Con el mismo mal hábito antes mencionado, escribe el principio, el medio y el final de la rutina. También puedes mencionar otros datos útiles, como por ejemplo dónde y cuándo tiene lugar la rutina y con quién sueles estar.

Por ejemplo, ésta es la rutina que sigues al comer a medianoche:

- El reloj marca las doce.
- Empiezas a sentir hambre.
- Piensas en ir a la cocina y comer algo.

- Al final, tomas algo de comer y vuelves a tu habitación.

- Ves un episodio de tu serie favorita mientras comes.

- Al terminar el episodio, apagas el dispositivo, apartas el envase vacío e intentas irte a dormir.

_____

_____

_____

_____

_____

_____

_____

_____

_____

3. Haz que la recompensa sea poco atrayente

Un comportamiento se ve reforzado por la recompensa que se obtiene al realizarlo. Para romper un hábito, tu trabajo es hacer que la recompensa resulte lo menos atractiva posible. Se trata de hacer que tu cerebro experimente malestar, en lugar de placer, todas las veces que practicas un mal hábito. Por ejemplo, si te obsesiona jugar videojuegos, guarda tu consola en casa de un amigo (elige a alguien que viva muy lejos), para que estés menos motivado a jugar cada día o cada semana.

Según el mal hábito que quieras romper, escribe algunas sugerencias de cómo puedes hacer que la recompensa te resulte poco atrayente.

A continuación, te ofrecemos algunas sugerencias para hacer que comer a media noche no sea apetecible:

- No compres ni dejes caramelos ni golosinas en casa (o, en todo caso, guárdalos bajo llave y dásela a otra persona).

- Intenta acostarte antes para poder dormir antes de la medianoche

- Autoriza a tus padres a retener 10 dólares de tu paga cuando cometas un descuido y termines picoteando.

Todas las estrategias anteriores están enfocadas en acabar con los malos hábitos. Pero si les damos la vuelta, aprenderemos a adoptar hábitos saludables. En lugar de evitar el estímulo, podrías diseñar nuevos estímulos seleccionando cuidadosamente la hora, el lugar y los símbolos que te recordarán que tienes que realizar un comportamiento determinado.

Después, tendrás que crear una nueva rutina estableciendo pasos específicos que deberás seguir de forma religiosa cada vez que te llegue el estímulo. Por último, debes encontrar la manera de gratificar a tu cerebro por la práctica del hábito saludable. Piensa en beneficios físicos y psicológicos que hagan que tengas ganas de volver a repetir el comportamiento.

Conclusiones del capítulo

- Cada vez que un comportamiento se hace automático, nuestro cerebro crea hábitos. Estos comportamientos automáticos se memorizan y almacenan en una región de tu cerebro denominada ganglios basales.

- No todos los hábitos son necesariamente buenos para ti, ¡y tu cerebro no sabrá la diferencia! Lo que motiva a tu cerebro a incorporar un nuevo comportamiento es poder obtener placer de él.

- Puedes romper con los malos hábitos o adoptar hábitos saludables si entiendes el bucle del hábito. Este esquema de tres pasos, formado por el estímulo, la rutina y la recompensa, se puede ajustar para deshabituar a tu cerebro de un comportamiento determinado o animarlo a aprender uno nuevo.

Felicítate por haber aprendido a controlar tus hábitos. Es una habilidad maravillosa que puede aumentar tu nivel de autocontrol, algo crucial para la fortaleza mental. Pero además de aprender nuevos hábitos, necesitarás saber cómo fijarte nuevos objetivos. Después de todo, adoptar cualquier hábito requiere mucha práctica, y ¿Cómo puedes comprometerte a hacerlo si no te estableces objetivos?

Capítulo 4: Desbloquea el compromiso inquebrantable y acércate cada día más a tus objetivos

El problema de no tener un objetivo es que puedes pasarte la vida yendo de arriba hacia abajo por la cancha y nunca anotar.

–Bill Copeland

En este capítulo aprenderás:

- Los beneficios de salir de la zona de confort y perseguir un objetivo que merezca la pena.
- Cómo determinar qué objetivos perseguir haciéndote preguntas difíciles.

Adquiere el sentido de autodominio

Un hijo de un famoso ladrón le pidió a su padre que le enseñara a entrar en las casas. Aquella noche, unos 10 minutos antes de las doce, ambos salieron en automóvil para buscar una casa que robar.

Se encontraron con una casa grande y aislada de las demás en una calle y planificaron su entrada. En pocos minutos, el ladrón había conseguido forzar la cerradura de la puerta principal y desactivar la alarma. El hijo observaba a su padre con asombro, admirando la brillantez de sus técnicas.

A unos metros de la puerta había un pequeño armario donde la familia guardaba los abrigos. "Psst...", le susurró el ladrón a su hijo, "entra en el armario y saca unos cuantos abrigos para nosotros". El hijo se alegró de que le encomendaran una tarea fácil, de modo que siguió las instrucciones y entró en el armario.

En cuanto entró, el ladrón cerró la puerta del armario y lo encerró allí dentro. A continuación, abandonó la casa en puntillas y se marchó en su automóvil. El hijo golpeó frenéticamente la puerta del armario, rogando a su padre que le dejara salir. El alboroto causado por los golpes despertó a la familia y llamaron al servicio de vigilancia.

Al cabo de una hora, el muchacho volvió a casa agotado. "Padre, ¿te das cuenta del peligro en que me metes? Si no fuera por mi rapidez mental y mi resolución para salir del armario, ¡ahora mismo estaría en la cárcel!".

El ladrón no pudo evitar sonreír. "Hijo", respondió, "acabas de completar tu primera lección sobre el arte del robo".

En la vida existen ciertas habilidades que sólo se aprenden con la experiencia. No hay libro ni podcast que te ayuden a adquirirlas, a menos que inviertas tiempo y esfuerzo. Fijar objetivos es una herramienta que te ayuda a planificar la forma de conseguir las habilidades y los resultados deseados, en un periodo de tiempo determinado y mediante tácticas específicas. Sirve para concentrarse en un número determinado de tareas, en vez de dividir la atención entre varias tareas que no aportan ningún beneficio.

Con el paso del tiempo, establecer objetivos puede llevarte a desarrollar fortaleza mental. No hay más que pensar en lo mentalmente agudo y creativo que tuvo que ser el muchacho para salir del armario antes de que lo atraparan. Y, por si fuera poco, ¡tuvo que pensar bajo presión! Marcarse objetivos y esforzarse por conseguirlos, ayuda a utilizar otras facetas de la mente, por ejemplo, la creatividad y la intuición. No sólo te enfrentas a nuevas experiencias que no habías vivido antes, sino también a nuevos retos que requieren nuevos comportamientos.

No es casual que, durante el proceso de alcanzar un objetivo, tiendas a convertirte en una mejor versión de ti mismo. Esto ocurre porque, tanto si eres consciente como si no, estás adaptándote a los cambios de tu entorno y aprendiendo a tener éxito fuera de tu zona de confort. Por eso, como me gusta decir, incluso si nunca alcanzas tus objetivos, ¡lo bueno ocurre a lo largo del camino!

Destruye el miedo a no saber lo que quieres

Antes de establecer objetivos significativos, debes decidir qué es lo que quieres. Esta tarea es más fácil de decir que de hacer. Lo cierto es que hay muchas cosas que puedes desear, unas a corto plazo y otras a largo plazo. Pero no todo lo que quieres es necesariamente algo que valga la pena intentar.

Si te tomas un momento para pensar en tus verdaderas necesidades y deseos, es posible que te quedes con una pequeña lista de cinco cosas, o incluso menos. Eso es porque de los cientos de deseos que se te ocurren, los que verdaderamente te entusiasman pueden contarse con los dedos de una o dos manos. Antes de empezar a fijarte objetivos, deberás tener claras las cosas que quieres para tu vida. Esto implica hacerte preguntas difíciles para separar los deseos superficiales de los auténticos y ser concreto sobre lo que estás dispuesto a perseguir.

Ya que este proceso puede resultar difícil, estas preguntas están pensadas para ayudarte a estimular tu mentalidad creativa y a profundizar en ti mismo para encontrar las cosas que te apasionan.

1. ¿Qué cosas te hacen feliz? Por ejemplo, ¿eres feliz practicando algún deporte, con tus amigos, con un proyecto personal, etc.?

2. ¿Qué necesitas? Las necesidades son cosas que mejoran tu calidad de vida. Pueden ser: amistades estables, una mejor salud o un buen rendimiento escolar.

3. ¿Qué pasatiempos o actividades te apasionan? Por ejemplo, nadar, pintar, hablar en público, bailar o ser voluntario.

4. ¿Qué harías si no tuvieras miedo? Por ejemplo, ¿hacer nuevos amigos, aprender a defenderte, inscribirte en un deporte o abrir un blog?

_____

_____

_____

_____

5. Piensa en tres personas que admires. Escribe diferentes virtudes que admires de ellas y que te gustaría desarrollar. Por ejemplo, puedes admirar la actitud emprendedora de tus padres en el trabajo. Esta actitud puede ayudarte a mantenerte concentrado y motivado en la escuela.

_____

_____

_____

_____

Otra herramienta útil que puede ayudarte a descubrir lo que quieres es identificar tus principios fundamentales. Los principios por los que te guías son tus valores fundamentales. Estos principios son los que definen lo que es para ti una vida plena. Si persigues metas que están en sintonía con tus principios y valores es posible que puedas llevar una vida feliz y tranquila.

Lo primero que debes hacer para identificarlos es escribir una lista de todos aquellos valores con los que te identificas. Para ello, mira la siguiente tabla y rodea con un círculo todos los valores que representen aquello que te importa.

Paz interior	Independencia	Libertad
Familia	Éxito	Respeto
Aventura	Socialización	Ayudar a los demás
Educación	Éxito profesional	Salud
Espiritualidad	Determinación	Creatividad
Trabajo duro	Apoyo	Ambición
Bienestar	Control	Comunicación

Amor	Generosidad	Inconformidad
Autoconocimiento	Superación personal	Aprendizaje
Liderazgo	Autoridad	Cooperación

De los valores que rodeaste con un círculo, escribe tus 10 valores principales.

Reflexiona acerca de cómo se reflejan estos 10 valores en tu vida. Por ejemplo, ¿influyen en tus palabras, acciones y decisiones?

_____

_____

_____

_____

_____

_____

Si vivieras de acuerdo con estos 10 valores, ¿cómo sería tu estilo de vida? Describe tu estilo de vida ideal acorde con tus valores. Por ejemplo, explica cómo serían tus mañanas, el tipo de amistades que tendrías, los pasatiempos a los que dedicarías tiempo, etc.

_____

_____

_____

_____

_____

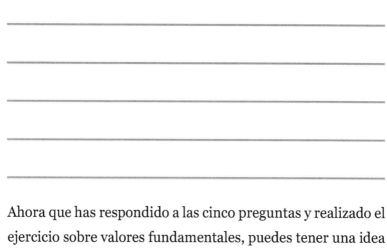

Ahora que has respondido a las cinco preguntas y realizado el ejercicio sobre valores fundamentales, puedes tener una idea más clara de los objetivos que deseas alcanzar. El próximo paso es escribir tus objetivos y elaborar un plan de trabajo.

Conclusiones del capítulo

- Hay objetivos en la vida que no puedes alcanzar observando a otra persona. Exigen que salgas de tu zona de confort e inviertas tu tiempo y esfuerzo para lograrlos.

- Establecer metas es una de las mejores formas de adquirir autocontrol y fortaleza mental porque te exige adquirir nuevos hábitos y enfrentarte a nuevos retos, lo que genera resiliencia.

- Antes de establecer objetivos, primero tienes que pensar en lo que realmente quieres. Recuerda que no todos los deseos valen la pena. Por lo general, los que vale la pena alcanzar son los que te hacen feliz, te motivan, contribuyen a mejorar tu calidad de vida y se ajustan a tus valores.

Capítulo 5: Cómo establecer y fijar objetivos

El mayor peligro para la mayoría de nosotros no está en apuntar demasiado alto y quedarnos cortos, sino en hacerlo demasiado bajo y alcanzar nuestro objetivo.

-Miguel Ángel

En este capítulo aprenderás:

- El proceso paso a paso de establecimiento de objetivos mediante el método SPORT.

Objetivos SPORT

De acuerdo con una investigación de la Universidad Estatal de Michigan, el 76% de las personas que establecen por escrito sus objetivos, y un plan concreto de cómo actuar, terminan consiguiéndolos. Este porcentaje se comparó con el 43% de personas que no escribieron sus objetivos pero que, no obstante, fueron capaces de alcanzarlos (Traugott, 2014). Lo que resulta evidente es que el proceso de establecimiento de objetivos es fundamental antes de emprender el proceso de alcanzar un objetivo.

Cuando se trata de establecer objetivos, es frecuente oír hablar de los objetivos SPORT (objetivos deportivos). Esta sigla describe un método para convertir tus deseos en objetivos realizables, de forma que puedas seguir fácilmente tus progresos y ser responsable de ellos. Hay cinco pasos para establecer objetivos SPORT:

- Singularidad

- Positividad

- Observación

- Realismo

- Tiempo limitado

Mediante el seguimiento de esta sencilla estructura a la hora de establecer objetivos, puedes eliminar todo tipo de confusiones o ilusiones que puedan dificultar la concentración en tu objetivo. Las siguientes preguntas te ayudarán a empezar con el proceso de establecimiento de objetivos SPORT.

Lo primero que tienes que hacer es escribir tu objetivo, el deseo que te gustaría alcanzar.

Estos son algunos ejemplos de objetivos aspiracionales:

- Mejorar mi concentración en la escuela.

- Ser más sociable y hacer nuevos amigos.

74

- Saber cómo establecer límites saludables con amigos y familiares.

- Priorizar mi salud física comiendo alimentos más saludables.

El segundo paso es seguir el método SPORT y darle a tu objetivo más claridad y estructura.

Singularidad

Tu objetivo debe ser singular, debes ser específico sobre tu objetivo supone hacer una descripción de éste, con palabras sencillas y frases directas. Este objetivo debe ser tan fácil de leer y entender que un alumno de quinto grado pueda explicártelo. Entre los factores clave que puedes incluir se encuentran describir el "quién", el "qué", el "dónde" y el "cómo" de tu objetivo.

Aquí tienes algunas preguntas para orientarte:

1. ¿Qué quieres lograr? Por ejemplo, quiero perder peso.

2. ¿Quién está involucrado? Por ejemplo, sólo yo.

3. ¿Dónde esperas conseguirlo? Por ejemplo, yendo al gimnasio.

4. ¿Cómo esperas lograrlo? Por ejemplo, concentrándome en ejercicios de cardio.

Escribe el nuevo objetivo después de concretarlo. Por ejemplo, quiero perder peso yendo al gimnasio y haciendo ejercicios de cardio.

_____

_____

_____

_____

Positividad

Ahora que ya tienes un objetivo específico y singular, asegúrate de que sea positivo. Lo cierto es que, si tu objetivo no te inspira, te resultará difícil comprometerte con él. Existen herramientas del lenguaje muy útiles para conseguir que tu objetivo sea positivo, como utilizar un tono emotivo y el tiempo presente.

Aquí tienes algunas preguntas para orientarte:

1. ¿Cómo quieres sentirte? Por ejemplo, quiero sentirme saludable y lleno de energía.

_____

_____

_____

_____

_____

2. ¿Cómo deseas comportarte? Por ejemplo, quiero tener más confianza en mí mismo.

_____

_____

_____

_____

_____

Escribe el nuevo objetivo después de hacer que sea definitivo. Por ejemplo, quiero perder peso yendo al gimnasio y haciendo ejercicios de cardio para sentirme saludable, lleno de energía y seguro de mí mismo.

_____

_____

_____

_____

_____

_____

_____

Observación

Hasta ahora, tu objetivo es singular y positivo. El próximo paso es asegurarte de que sea observable. Si un amigo cercano observara tu vida, ¿Qué cambios vería que demuestran que vas por buen camino para alcanzar tu objetivo o que ya lo has logrado? En este caso, la atención se concentra en buscar datos estadísticos, logros y otros objetivos específicos que indiquen que ya has alcanzado tu objetivo.

Aquí tienes algunas preguntas para orientarte:

1. ¿Cuáles serán las diferencias más notables? Por ejemplo, me entrarán mis vaqueros talla 34.

_____

_____

_____

_____

2. ¿Qué empezarás a hacer de forma diferente? Por ejemplo, empezaré a seguir una dieta nutritiva.

_____

_____

_____

3. ¿Qué cambios notarán los demás? Por ejemplo, se darán cuenta de que sonrío más y soy más activo cuando salgo con amigos.

Escribe el nuevo objetivo después de hacer que sea observable. Por ejemplo, quiero perder peso yendo al gimnasio y haciendo ejercicios de cardio para sentirme saludable, lleno de energía y seguro de mí mismo. Me daré cuenta de que estoy progresando porque me entrarán los vaqueros talla 34 y seguiré una dieta nutritiva. Mis amigos notarán una diferencia en mí porque sonreiré con frecuencia y seré más activo a la hora de salir con ellos.

_____

_____

_____

_____

_____

_____

_____

Realismo

Los objetivos a los que aspiras deben ser realizables, es decir, debes ser capaz de alcanzarlos con los recursos que tienes a tu disposición. Ponerse como objetivo ganar la lotería no sería realista porque existen muchos factores que están fuera de tu control, incluyendo el hecho de que quizá seas demasiado joven para apostar. Por eso, piensa si eres capaz de alcanzar tu objetivo con las habilidades, el tiempo, el dinero y el apoyo que ya tienes. De no ser así, tal vez tengas que hacer algunos ajustes.

Algunas preguntas para orientarte:

1. ¿Cuánto tendrás que esforzarte para conseguir tu objetivo? Por ejemplo: Tendré que ir al gimnasio por

lo menos tres veces por semana, durante 30 minutos
por sesión.

_____

_____

_____

_____

2. ¿Dispones de las habilidades o recursos necesarios
para lograr tu objetivo? Por ejemplo: Sí, ya soy socio
de un gimnasio y sigo entrenadores personales en
YouTube que dan consejos útiles para entrenar.

_____

_____

_____

_____

_____

3. ¿Te ves logrando tu objetivo? Por ejemplo: Sí, me veo
logrando mi objetivo. Está a mi alcance.

_____

_____

Escribe el nuevo objetivo después de haberlo establecido de manera realista. Por ejemplo: Quiero perder peso yendo al gimnasio y haciendo ejercicios de cardio para sentirme saludable, lleno de energía y seguro de mí mismo. Me daré cuenta de que estoy progresando porque podré ponerme mis vaqueros talla 34 y seguiré una dieta nutritiva. Mis amigos también notarán una diferencia en mí porque sonreiré con más frecuencia y seré más activo a la hora de salir con ellos. Para alcanzar mi objetivo, deberé ir al gimnasio al menos tres veces por semana, durante 30 minutos por sesión. Estoy seguro de que, con este plan de entrenamiento y los consejos útiles a mi disposición, ¡lograré mi objetivo!

Tiempo limitado

Para terminar de redactar y reestructurar tu objetivo, establece un plazo razonable para completarlo. El establecimiento de un plazo resulta útil porque te permite administrar tu tiempo con mayor eficacia y decidir cuántos días, semanas o meses destinar a cada tarea. Recuerda que puedes modificar el plazo en cualquier momento, especialmente cuando se presenten circunstancias inesperadas en tu vida. Simplemente establece un nuevo plazo y ¡haz todo lo posible por cumplirlo!

Aquí tienes algunas preguntas para orientarte:

1. ¿Cuándo puedes empezar a trabajar en tu objetivo? Por ejemplo, después de los exámenes semestrales.

2. ¿Qué días y en qué horario te puedes comprometer a trabajar en tu objetivo? Por ejemplo, iré al gimnasio los lunes, miércoles y jueves a las cinco de la tarde.

3. ¿Con qué frecuencia revisarás tus progresos? Por ejemplo, una vez al mes mediré distintas partes de mi cuerpo, me pesaré y analizaré mis hábitos alimenticios (mirando lo que he anotado en mi diario de comidas).

4. ¿Para qué fecha esperas haber alcanzado exitosamente tu objetivo? Por ejemplo, dentro de seis meses.

_____

_____

_____

_____

_____

Escribe el nuevo objetivo después de haber establecido un plazo.

Por ejemplo, quiero perder peso yendo al gimnasio y concentrándome en ejercicios de cardio para sentirme saludable, lleno de energía y seguro de mí mismo. Me daré cuenta de que estoy progresando porque podré ponerme mis vaqueros talla 34 y seguiré una dieta nutritiva. Mis amigos notarán una diferencia en mí porque sonreiré con frecuencia y seré más activo a la hora de salir con ellos.

Para lograr mi objetivo, tendré que ir al gimnasio al menos tres veces por semana, durante 30 minutos por sesión. ¡Estoy seguro de que con este plan de entrenamiento y los consejos útiles que tengo a disposición, alcanzaré mi objetivo! Comenzaré a trabajar en ello después de los exámenes semestrales. Iré al gimnasio los lunes, miércoles y jueves a las cinco de la tarde, y comprobaré mis progresos una vez al mes. Tengo previsto completar mi objetivo en seis meses.

_____

_____

_____

_____

_____

_____

_____

_____

Imagínate que estás a punto de subir una larga escalera. Cada peldaño simboliza una tarea concreta que tienes que realizar para subir hasta el siguiente, hasta que hayas subido toda la escalera. Para no abrumarte por los numerosos peldaños que te esperan, piensa en el más próximo de ellos. Olvídate de todos los demás y concéntrate en este peldaño lo máximo posible. Cuando lo hayas subido, sigue subiendo y subiendo hasta alcanzar la meta.

Crea nuevos hábitos, estimula tu crecimiento

La formación de nuevos hábitos es necesaria cuando nos proponemos nuevos objetivos. Pero antes de comenzar con lo que quieres proponerte, deberás identificar los hábitos saludables o beneficiosos que influirán de forma positiva en tu vida. Estos son cuatro pasos que te ayudarán a reflexionar acerca de los hábitos que deberías adoptar para conseguir tu próximo objetivo.

1. Escribe tu objetivo de mayor importancia utilizando el método de establecimiento de objetivos SPORT.

Por ejemplo, quiero perder peso yendo al gimnasio y haciendo ejercicios de cardio para sentirme saludable, lleno de energía y seguro de mí mismo. Me daré cuenta de que estoy progresando porque podré ponerme mis vaqueros talla 34 y seguiré una dieta nutritiva. Mis amigos notarán una diferencia en mí porque sonreiré con frecuencia y seré más activo a la hora de salir con ellos.

Para lograr mi objetivo, tendré que ir al gimnasio al menos tres veces por semana, durante 30 minutos por sesión. Estoy seguro de que, con este plan de entrenamiento y los consejos útiles a mi alcance, ¡lo voy a lograr! Comenzaré a trabajar en ello después de los exámenes semestrales. Iré al gimnasio los lunes, miércoles y jueves, a las cinco de la tarde, y comprobaré mis progresos una vez al mes. Tengo previsto completar mi objetivo en seis meses

2. Escribe dos o tres comportamientos clave para alcanzar tu objetivo. Por ejemplo, para alcanzar el objetivo mencionado, tendrías que comprometerte a hacer ejercicio con regularidad y seguir una dieta sana.

3. Crea hábitos para poner en práctica estos comportamientos. Por ejemplo, podrías ir al gimnasio a determinada hora y cocinar platos caseros saludables.

4. Escribe los hábitos que tienes en la actualidad y que podrían impedirte alcanzar tu objetivo, y cuáles son los nuevos comportamientos que necesitas adoptar para mantenerte en la dirección correcta. Por ejemplo, puede que acostumbres dejar las cosas para más tarde. Para impedir que esto perjudique tu

objetivo, prepara la ropa del gimnasio la noche anterior y planifica un día en el que prepares toda la comida de la semana, ¡así cocinar será muy rápido!

Conclusiones del capítulo

- Una vez que hayas averiguado lo que deseas, puedes escribir tus objetivos siguiendo el método SPORT de establecimiento de objetivos, y transformar tus deseos en objetivos específicos, positivos, observables, realizables y con un plazo determinado.

No se pueden alcanzar los objetivos de un día para el otro: requieren mucho tiempo, esfuerzo y paciencia. Esto quiere decir que tendrás que trabajar mucho para lograr los resultados que buscas. En el siguiente capítulo exploraremos otra estrategia para el desarrollo de la fortaleza mental: el esfuerzo y el talento.

Capítulo 6: Combina lo mejor de dos mundos: Esfuerzo y talento

El trabajo duro supera al talento cuando el talento no trabaja duro.

–Tim Notke

En este capítulo aprenderás:

- Cómo se relacionan el esfuerzo y el talento, y cómo ambas cualidades condujeron al éxito al mejor jugador de fútbol del mundo.

- Consejos para descubrir tus talentos naturales y adquirir el carácter de una persona que se esfuerza al máximo.

Resuelve de una vez por todas la abrumadora pregunta: ¿Esfuerzo o talento?

En el ámbito deportivo, y quizás en otros ámbitos de la vida, como el empresarial, hay un debate permanente acerca de si el esfuerzo supera al talento, o si el talento supera al esfuerzo.

El motivo de este debate es sencillo: Las personas quieren encontrar la mayor ventaja que puedan utilizar para alcanzar sus objetivos. Quienes son trabajadores y no temen dedicar muchas horas a sus trabajos, ¡dirán que el esfuerzo supera al talento en todo momento! Y los que han nacido con talento te dirán que sus habilidades naturales les permiten alcanzar niveles de éxito que el esfuerzo por sí solo no podría.

Tómate un momento para reflexionar sobre este tema. ¿Cuál es tu opinión respecto a la utilidad del esfuerzo y el talento?

Quizás te interese saber cuál es mi postura en este debate. Para darte mi punto de vista, compartiré la historia de un atleta llamado Cristiano Ronaldo. Si te gusta el fútbol, lo conocerás como el futbolista portugués más goleador de todos los tiempos, ¡entre otras cosas!

Buena parte del éxito que Ronaldo ha conseguido en su carrera profesional es debido a su talento en el campo de juego, incomparable con el de casi cualquier otro jugador. Lo primero que destaca es su velocidad. Hay pocos jugadores capaces de dejar atrás a los defensas y de mantener el control del balón como Ronaldo. Durante un partido entre su equipo, el Manchester United, y el West Ham en 2021, se registró que corría a 32,51 km/h (es decir, 20,2 mph). Eso lo convirtió en el futbolista más rápido sobre el campo (Nair, 2021).

Aparte de por su velocidad, el máximo goleador de todos los tiempos también es conocido por sus dinámicos tiros libres. Es capaz de patear el balón desde cualquier ángulo del campo, hasta una distancia de 35 metros. Cuando no está lanzando el balón, esquiva a los defensas más aguerridos y aprovecha su complexión musculosa de 1,90 metros para saltar por encima de los jugadores y abrirse paso en espacios reducidos, todo ello sin perder nunca el balón.

Es innegable que Ronaldo es un jugador talentoso. Sin embargo, si le preguntan cómo llegó a la cima, no mencionará el talento. En numerosas entrevistas, Ronaldo le atribuye su éxito como futbolista profesional a su madre... ¡y al esfuerzo!

Durante una entrevista concedida a Eurosport en 2016, Ronaldo habló sobre el debate entre el talento y el esfuerzo: "Si tienes talento, pero no te esfuerzas, no conseguirás nada. En mi carrera, siempre me he esforzado en los entrenamientos y en los partidos. Es el esfuerzo lo que lleva al éxito" (Eurosport, 2016).

Seguramente te preguntarás en qué consiste el "esfuerzo" de uno de los mejores futbolistas de la historia. Aquí tienes un día cualquiera en la vida de Cristiano Ronaldo:

- 6 a.m.: Dos horas de ejercicio
- 8 a.m.: Siesta durante 90 minutos
- 9:30 a.m.: Desayuno
- 10:30 a.m.: Dos horas de ejercicio
- 12:30 p.m.: Siesta durante 90 minutos
- 2 p.m.: Almuerzo

- 3 p.m.: Siesta durante 90 minutos

- 4:30 p.m.: Segundo almuerzo

- 7 p.m.: Cena

- 8 p.m.: Tiempo en familia

- 10 p.m.: Sesión de natación

- 11 p.m.: Relax e ir a la cama

Si bien Ronaldo despliega talento en el campo de fútbol, su vida cotidiana se basa en mucho esfuerzo (unas cinco horas de entrenamiento para ser exactos). Por consiguiente, en este debate debo decir que tanto el talento como el esfuerzo son necesarios para alcanzar los objetivos.

Cómo reconocer tus talentos y darles vida

Los talentos son los puntos fuertes o habilidades naturales con las que nace cada persona. Hay que destacar que todo el mundo tiene talento para algo, sin importar lo común o poco común que sea ese talento.

Se puede clasificar como talento a cualquier tipo de habilidad que se realice con más facilidad que el resto de las personas. Un ejemplo: la mayor parte de los adultos jóvenes saben cómo freír un huevo. Pero si tus habilidades culinarias son superiores al promedio, entonces tendrás talento para la cocina. Por eso, hallar tu talento implica descubrir lo que haces mejor, ¡aunque es más fácil decirlo que hacerlo!!

Muchos de nosotros ignoramos lo que sabemos hacer bien, y mucho menos para lo que tenemos talento. Es probable, por ejemplo, que sigas las tendencias populares que aprendes en las redes sociales y creas que ya has encontrado tu talento, pero la verdad es que has aprendido una nueva habilidad. No olvides que los talentos son habilidades que te nacen de forma natural. No tienes que invertir tantas horas aprendiendo o poniendo en práctica tus talentos porque simplemente te salen con facilidad.

Es un error común confundir las destrezas con las habilidades naturales, sobre todo en el caso de las personas muy inteligentes con tendencia a comprender rápidamente los conceptos. Pero esto puede perjudicarte a la hora de establecer objetivos, planificar tu carrera profesional o determinar tu meta. Puedes, entre otras cosas, elegir una profesión en la que seas muy habilidoso, pero que no te apasione porque no estás aprovechando tus talentos naturales. Conozco a muchos profesionales del sector bancario que eran artistas con talento natural y pasaron décadas de su vida trabajando en una profesión equivocada.

Si no sabes si un comportamiento es una habilidad o un talento, recurre a esta sencilla tabla comparativa:

Habilidades	Talentos
La experiencia para realizar una tarea específica de forma efectiva, que requiere una formación constante.	La capacidad natural de hacer algo mejor que el promedio de las personas, con muy poca formación.
Se desarrollan con el tiempo, a través del estudio y la experiencia vital.	Surgen desde el nacimiento y se puede reconocer a partir de los tres años de edad.
Pueden cuantificarse mediante niveles, grados o etapas de maestría.	Difíciles de medir o cuantificar, porque son algo natural.
Pueden ser adquiridas por muchas personas, como cuando toda la clase pasa al curso siguiente.	Por lo general, los adquieren pocas personas, como por ejemplo si un alumno de la clase es un genio de las Matemáticas.

También es útil aprender a combinar tus habilidades naturales para definir tus intereses y pasiones. A los quince años ya sabrás cuales son algunos de tus puntos fuertes. Estos puntos fuertes te llevarán hacia determinadas actividades.

Así, por ejemplo, si tienes facilidad de palabra, es posible que te atraiga debatir, hablar en público u ocupar cargos de responsabilidad en tu escuela. En el futuro, estos puntos fuertes podrían inspirarte a desarrollar determinadas profesiones que exigen hablar en público.

Estas preguntas te ayudarán a relacionar tus talentos con tus intereses y pasiones.

1. Escribe una lista de cinco cualidades positivas. Estos son rasgos de carácter que reflejan quién eres. Por ejemplo, puedes ser amable, curioso, trabajador, centrado y creativo, o puedes ser generoso, alegre y analítico.

2. De la lista, identifica cualidades que benefician de forma positiva tu bienestar, tu trabajo y a otras personas. Por ejemplo, ser centrado puede beneficiar positivamente tu carrera educativa, o ser amable te ayudará a entender mejor a los demás.

3. Vuelve a consultar la lista, y en esta ocasión, identifica las tareas diarias que mejor destacan estas cualidades. Por ejemplo, el fuerte vínculo que mantienes con tus amigos íntimos destaca tu amabilidad, o tu pasión por la escritura resalta tu creatividad.

4. Piensa ahora en aficiones que te interesen y que dependan mucho de estas cualidades. Por ejemplo, quizá te guste bailar, que depende mucho de tu capacidad creativa, o leer, que depende de una mente curiosa.

5. Finalmente, piensa en carreras en las que tener cada una de estas cualidades te ayudaría a tener éxito. Por ejemplo, ser muy trabajador te beneficiaría mucho en el sector de las finanzas, mientras que ser amable te ayudaría mucho en el ámbito de la psicología.

5 consejos para descubrir tu potencial oculto

Si no te resulta fácil identificar tus talentos, no te preocupes. Existen muchas formas de descubrir en qué eres bueno por naturaleza. Estos son cinco consejos para descubrir tus talentos.

1. Realiza un test de personalidad

Hay varios tests de personalidad gratuitos en Internet que pueden ayudarte a descubrir tus puntos fuertes y tus talentos. Uno de los mejores es el Indicador de Personalidad Myers-Briggs, que te ayudará a identificar tus características personales y tus motivaciones individuales. Puedes incluso utilizar los resultados del test para determinar a qué asignaturas universitarias o campos profesionales te adaptarías mejor.

2. Controla hacia dónde va tu dinero

Otro consejo es fijarse en aquello en lo que ahorras. Cómo gastas tu dinero determinará lo que valoras. Así, por ejemplo, un lector entusiasta gastará unos cuantos dólares en leer libros habitualmente, mientras que alguien a quien le guste la música probablemente tendrá una suscripción mensual o ahorrará para conciertos o música en vivo.

3. Obtén la opinión de tus amigos y familiares

La gente más cercana a ti puede aportar una valiosa perspectiva acerca de tus habilidades naturales. Ellos han estado a tu lado y observado tu desarrollo durante varios años, así que podrían compartir sus opiniones sobre aquello para lo que eres bueno. Pídeles a tus amigos y familiares que sean sinceros con sus comentarios, para poder identificar comportamientos comunes.

4. Recuerda lo que te gustaba de niño

Son muchos los objetos y actividades que fascinan a un niño que está creciendo, pero pocos los que lo obsesionan. Reflexiona sobre cuáles eran tus obsesiones de la infancia y qué era lo que más te gustaba de ellas. Analizar tus intereses pasados puede revelarte aquello por lo que siempre has sentido afinidad o pasión. Puede que, por ejemplo, de niño pasaras mucho tiempo jugando con animales. Esa obsesión puede poner en evidencia tu capacidad natural para nutrir las cosas.

5. *Observa lo que admiras en los demás*

En ocasiones, lo que elogias o admiras de otra persona te revela aquello con lo que conectas profundamente. Si admiras a un famoso por defender una causa, quizá seas un apasionado del cambio social y la justicia. Piensa en cinco personas a las que admires por diferentes motivos. Escribe lo que admiras de ellas y lo que esto podría revelar sobre ti.

Conclusión del capítulo

- Desde hace tiempo se discute si el talento o el esfuerzo son el arma secreta para alcanzar los objetivos. Aunque todavía no está decidido, las dos estrategias son formas positivas de aprovechar tus puntos fuertes y adoptar hábitos saludables.

Capítulo 7: En qué consiste el esfuerzo

El precio del éxito es el esfuerzo, la dedicación al trabajo y la convicción de que, ganemos o perdamos, habremos dado lo mejor de nosotros mismos a la tarea que tenemos entre manos.

–Vince Lombardi

En este capítulo aprenderás:

- Consejos para convertirte en un trabajador comprometido y apasionado

En qué consiste el esfuerzo

A diferencia del talento, el esfuerzo no es una habilidad natural. Imagínate lo increíble que sería si así fuera. El esfuerzo es una habilidad que hay que desarrollar con el tiempo, a través de un trabajo físico y mental constante.

Esforzarse significa, en definitiva, ir más allá de lo necesario para alcanzar un objetivo. Al fin y al cabo, ¿de qué serviría esforzarse si no tuviéramos un objetivo que alcanzar? El esfuerzo es lo que te permite centrarte en el objetivo y mejorar progresivamente tu rendimiento para obtener resultados satisfactorios.

Dado que el esfuerzo está relacionado con estar motivado por un objetivo mayor, hay distintos tipos de motivaciones que podemos identificar y que te pueden inspirar a mantener un cierto nivel de esfuerzo y alcanzar tus deseos.

Entre ellas:

1. Motivación intrínseca

Cuando estás intrínsecamente motivado, estás inspirado para esforzarte por conseguir una motivación personal, un deseo o un propósito que no puedes imaginar. Puede que, por ejemplo, estés muy motivado para convertirte en jugador profesional de baloncesto, porque ese es uno de tus sueños de la infancia. Esa motivación intrínseca te impulsaría a esforzarte al máximo para desarrollar tus habilidades en el básquet y llegar lo más lejos posible en este deporte.

2. Motivación extrínseca

La motivación extrínseca hace referencia a estar motivado por factores del entorno, como lograr el éxito, ser aceptado por los demás o llevar un determinado estilo de vida. La mayor parte del tiempo, cuando navegas por las redes sociales, lo que ves te motiva extrínsecamente. Quizá, por ejemplo, te sientas inspirado a perder peso después de ver cómo una persona con influencia consigue hacerlo. O puede que tengas una motivación extrínseca para ser médico porque tus padres lo son y estás muy orgulloso de ellos.

3. Motivadores positivos y negativos

Otra fuente de motivación que influye en la intensidad con la que trabajas son los motivadores positivos y negativos. Se refieren a experiencias vitales que han influido en la forma en que te ves a ti mismo y lo que deseas de la vida. Por ejemplo, si ves a tu hermano mayor ir a la universidad, es posible que quieras esforzarte para seguir sus pasos. Esto sería un ejemplo de motivador positivo. Por otra parte, si nadie de tu familia ha ido nunca a la universidad, es posible que te animes a ser la primera persona en vivir esa experiencia. Este sería un ejemplo de motivador negativo.

Cada uno de estos motivadores se encuentran presentes en tu vida y determinan tu disposición para esforzarte.

5 consejos para ser un trabajador comprometido y apasionado

Seguramente alguna vez has sentido un arranque de inspiración y motivación para esforzarte mucho. Puede que tus altos niveles de concentración y esfuerzo hayan durado unas horas o unas semanas, hasta que finalmente quedaste exhausto y te sentiste como si estuvieras al borde del agotamiento. Hecho como es debido, el esfuerzo se convierte en un modo de vida que no lleva ni al agotamiento físico ni al mental. Estos son algunos consejos para ser un gran trabajador y mantenerse saludable.

1. Divide tus objetivos en tareas pequeñas

Proponerse grandes metas es fantástico, pero cuando se trata de alcanzar un objetivo, puedes conseguir mucho si lo divides en tareas más sencillas y fáciles de manejar. Si, por ejemplo, deseas aprender una lengua extranjera, podrás hacer tareas menores que te permitirán ir adquiriendo conocimientos.

Puedes habituarte a escribir las palabras nuevas que descubres y utilizarlas en una frase, mirar una serie televisiva con subtítulos o cambiar la configuración del idioma en tus redes sociales. Con estas pequeñas acciones te aseguras de estar expuesto a una lengua extranjera de distintas y variadas formas cada día, sin que la información te abrume.

2. Rodéate de personas con motivaciones

El escritor y conferencista motivacional, Jim Rohn, dijo en una ocasión: "Eres el promedio de las cinco personas con quienes pasas más tiempo" (Doorn, 2019). Lo que quería decir con esto era que después de algún tiempo, tus actitudes y comportamientos reflejarán los de las personas con las que mayormente te relacionas.

Así, si deseas ser un trabajador dedicado, deberás pasar más tiempo con otros trabajadores que también lo sean; de este modo, podrán influirse mutuamente de forma positiva para esforzarse y estar dispuestos a exigirse responsabilidades los unos a los otros. Esto significaría, entre otras cosas, conocer personas que tengan objetivos o intereses parecidos a los tuyos, o formar parte de algún grupo que realice actividades determinadas, como estudiar juntos, realizar algún deporte o ejercitarse.

3. Programa descansos frecuentes

Si regresas al principio del capítulo y te fijas en la rutina diaria de Cristiano Ronaldo, verás que, entre entrenamiento y entrenamiento, duerme siestas de 90 minutos. Esto lo hace para lograr un equilibrio; después de un entrenamiento agotador, permite que su cuerpo descanse y se reponga. Si quieres esforzarte al máximo, tendrás que dedicar tiempo en tu apretada agenda para el descanso. En vez de dormir una siesta, dedica 15 minutos a descansar al aire libre y tomar sol, o realiza un ejercicio de respiración durante cinco minutos para que la mente no piense en nada.

4. Recuérdate el gran propósito

Siempre hay una razón que te motiva a esforzarte. Busca pequeñas formas de recordarte a diario esa motivación. Por ejemplo, puedes crear un tablero de sueños con fotografías que reflejen tus objetivos personales y la vida que deseas vivir. Por la mañana, dedica 10 minutos a mirar el tablero y a recordarte por qué vale la pena esforzarse. También podrías programar notificaciones en tu teléfono que suenen varias veces al día para que te recuerden el objetivo que estás persiguiendo.

5. Practica la regla 80/20

La regla 80/20, conocida también como Principio de Pareto, es una pirámide de productividad que puede ayudarte a administrar tu tiempo de forma inteligente. El principio establece que el 80% de los resultados positivos que buscas se pueden conseguir concentrándote en el 20% de las tareas (Tardi, 2022). Esto significa que solamente el 20% de las tareas que realizas cada día son prioritarias.

Por ejemplo, imagina que tienes diez tareas que hacer en un día en particular:

- Pedir una beca universitaria.
- Estudiar para un examen de matemáticas dentro de tres días.

- Llamar a tu mejor amigo para saber cómo está.

- Sacar a pasear a tu perro.

- Ordenar tu habitación.

- Mirar un episodio de tu serie de televisión favorita.

- Grabar un vídeo para YouTube.

- Ir al gimnasio.

- Salir con la bicicleta.

- Pasar tiempo de calidad con tu familia.

Sólo dos de esas diez tareas (el 20%) podrían considerarse importantes. La clave para aplicar la regla del 80/20 es identificar cuál de esas tareas es la que produce más resultados. Puede que decidas que estudiar para tu examen de matemáticas e ir al gimnasio tienen la máxima prioridad, y que las demás entran dentro del 80%. Comenzarías el día realizando esas dos tareas y, si aún te sobra tiempo, te dedicarías a las restantes. Si estás persiguiendo un objetivo concreto, deberías identificar la tarea más importante que puede ayudarte a conseguirlo y priorizarla a primera hora de la mañana, cuando la mente todavía está fresca y despierta.

Parte del esfuerzo es recordar que no se puede hacer todo a la vez. Las personas que son mentalmente fuertes son conscientes de que mientras más tareas tengan que hacer, menos tiempo dedicarán a cada una de ellas. Esto significa que, aunque parezca que están ocupados, trabajan menos. Por este motivo es importante tener tareas de prioridad y concentrarse en una sola tarea a la vez. No sólo aumentará la calidad de tu rendimiento, sino que también ahorrarás mucho tiempo.

Al contrario que la multitarea, la monotarea te permite concentrarte en tu trabajo, tanto si estás estudiando como haciendo deporte. Además, puede ayudarte a establecer un plan tridimensional. El plan es sencillo: **Suprime** las tareas innecesarias de tu calendario, **delega** las tareas más manejables en otras personas y **duplica** las tareas más importantes. Así, por ejemplo, si nos fijamos en la lista anterior de 10 tareas, podemos suprimir un episodio de nuestra serie favorita, delegar el paseo del perro en uno de nuestros hermanos y duplicar el tiempo dedicado a estudiar para el examen de matemáticas que tenemos dentro de tres días. Elabora tu propia lista de 10 tareas y ponte a practicar cómo suprimirlas, delegarlas y duplicarlas.

Conclusión del capítulo

- Aunque se nace con talento, eso no es excusa para no tener que esforzarnos. Podemos tener un talento increíble, ¡pero tenemos que estar dispuestos a trabajar cada día!

Capítulo 8: CAPÍTULO EXTRA: Desarrolla la autodisciplina y apégate a tus objetivos

Somos lo que hacemos repetidamente. Por lo tanto, la excelencia no es un acto, sino un hábito.

-Aristóteles

En este capítulo aprenderás:

- El valor de la autodisciplina, y por qué ésta es muy superior al talento o al esfuerzo.

Autodisciplina y logro de objetivos

Abraham Lincoln, decimosexto Presidente electo de los Estados Unidos, tenía orígenes humildes. Dejó de estudiar cuando sólo estaba en primaria porque su padre quería que empezara a trabajar. Pese a no tener una educación formal, Lincoln consiguió libros prestados entre sus vecinos y aprendió por sí mismo Shakespeare, Matemática, la Biblia y las leyes de los Estados Unidos. Todos estos conocimientos los adquirió mientras trabajaba a tiempo completo, lo cual demuestra lo disciplinado que debió ser.

Más adelante dijo lo siguiente sobre la autodisciplina: "La disciplina es optar entre lo que quieres ahora y lo que más deseas". Reflexiona sobre esta frase y qué significa para ti.

Para poder salir de un entorno de pobreza y multiplicar sus posibilidades de éxito, Lincoln no podía contar sólo con el talento o el esfuerzo. En cualquier cosa que hiciera, ya fuese cultivar la tierra o aprender a leer, para él era importante ser constante. Esto fue lo que lo ayudó a pasar de un nivel de maestría al siguiente hasta que, con el tiempo, se convirtió en el líder de una nación.

A menudo se piensa que la autodisciplina implica adquirir todos los conocimientos posibles. Pero si nos fijamos en las personas más exitosas del mundo, muchos de ellos no fueron genios en la escuela. Aunque absorber información es importante, conocer mucho sobre algo no necesariamente te hace tener éxito en ello. Lo importante son tus comportamientos, como tu constancia, la forma en que te levantas de cada contratiempo y lo mucho que estás dispuesto a trabajar.

Es posible que hayas identificado talentos únicos que se pueden convertir en pasiones, pero si no te comprometes a desarrollarlos y a esforzarte de forma constante, será difícil pasar de un grado de dominio al siguiente. La autodisciplina es como la gasolina que le pones a un automóvil. Es posible que tengas la suerte de tener un automóvil y estar seguro del destino al que deseas llegar, pero si no hay gasolina en el vehículo, no se moverá ni un centímetro.

La autodisciplina es el transporte que te lleva del punto A al punto B en la vida. También es lo que te garantiza permanecer firme cuando llegan tiempos difíciles y sientes la tentación de abandonar. Por lo tanto, independientemente de que estés desarrollando tus talentos o esforzándote, necesitas tener autodisciplina para seguir progresando a largo plazo. Estas son seis características de alguien que posee autodisciplina. ¡Mira la lista y descubre con cuántas de ellas te identificas!

- **Se comprometen con sus planes.** Cumplen con su palabra. Una vez que toman una decisión, se concentran en su ejecución, sin replantearse sus planes ni dudar a la hora de empezar.

- **Evitan la tentación.** Saben que la mejor manera de no caer en la tentación es evitarla por completo. Establecen límites firmes para no exponerse a nada que pueda desviarles del camino.

- **Priorizan la salud.** Para progresar constantemente, son conscientes de que su cuerpo y su mente tienen que estar en buena forma. Esto normalmente significa no renunciar a dormir bien, alimentarse de forma nutritiva, realizar ejercicio físico y entablar relaciones sociales positivas.

- **Desarrollan hábitos saludables.** Dedican mucho tiempo a adquirir comportamientos saludables. Si los observas, podrías pensar que no se divierten, pero en realidad están entrenando sus cerebros para que redefinan lo que es la diversión y experimenten el placer de trabajar para conseguir sus objetivos.

- **Encuentran una buena rutina y la mantienen.** Una parte del desarrollo de hábitos saludables implica establecer rutinas. Las personas disciplinadas saben cuál es la mejor manera de planificar su tiempo y priorizan las tareas diarias para poder hacer el mayor número de cosas posible cada día.

- **No permiten que su estado de ánimo determine sus acciones.** Independientemente de que tengan o no ganas de realizar una tarea, la harán. Comprenden que las emociones no siempre pueden determinar la realidad y que, a veces, se interponen en el camino hacia la consecución de los objetivos. Las personas disciplinadas suelen tomar decisiones basándose en lo que hay que hacer y no en lo que les parece bien.

Si quieres desarrollar algunas de estas características, es importante que seas sincero sobre los aspectos de tu vida en los que te falta disciplina y lo que crees que debes hacer para seguir por el buen camino y alcanzar tus objetivos. Más abajo encontrarás algunas sugerencias para escribir en tu diario acerca de la disciplina que te pueden ayudar en este proceso.

1. ¿Cuál es tu definición de autodisciplina? Si tuvieras que explicarle a un amigo qué es la autodisciplina, ¿Cómo lo harías?

_____

_____

_____

_____

_____

2. Identifica un área de tu vida en la que puedas beneficiarte de más autodisciplina. Por ejemplo, ¿necesitas más autodisciplina para estudiar, controlar lo que comes o reducir tu uso de las redes sociales?

_____

_____

_____

_____

_____

3. Establece un plan para lograr una mayor disciplina en este aspecto de tu vida. Si, por ejemplo, te gustaría ser más disciplinado a la hora de estudiar, podrías incluir un plan de 10 pasos que indique lo que necesitas hacer para que el estudio forme parte de tu día a día. Tu plan puede ser el siguiente:

Paso 1: Confecciona un horario de estudio con todas tus asignaturas.

Paso 2: Escribe tus objetivos para cada asignatura (lo que tienes que aprender). Por ejemplo, en idioma español, memorizar las reglas gramaticales puede ser uno de tus objetivos.

Paso 3: Diariamente, reserva 25 minutos para escribir resúmenes. Céntrate cada día en una asignatura (te puedes guiar por tu horario de estudio).

Paso 4: Encuentra un compañero de estudio como apoyo moral. Busca a alguien que quiera recibir ayuda en las mismas áreas que tú. Como, por ejemplo, un amigo que también necesite ayuda para aprender matemáticas.

Paso 5: Programa repasos mensuales de las asignaturas con tus profesores. Reúnete con ellos una vez al mes y repasen las áreas que te preocupan (es decir, aquellos conceptos que no entiendes del todo). Pregunta y muéstrate receptivo a los comentarios.

Paso 6: Mira vídeos en YouTube que enseñen técnicas y consejos de estudio.

Paso 7: Utiliza otras técnicas para resumir la información además de los apuntes. Por ejemplo, dibuja gráficos, infografías o ilustraciones para visualizar la información.

Paso 8: Descansa del estudio. Planifica descansos durante el día y por lo menos dos días de descanso a la semana. En los días de descanso, guarda los libros y realiza actividades divertidas.

Paso 9: Repasa los objetivos de tus asignaturas. Evalúa tus progresos cada mes respecto a las asignaturas fijadas. Es un buen momento para redefinir tus objetivos o marcarte otros nuevos.

Paso 10: Prémiate por cumplir los objetivos de cada asignatura. Disfruta de un momento especial, como tomar un helado, cuando completes un objetivo. Puedes hacer un certificado, imprimirlo y colgarlo en un lugar donde lo veas con regularidad.

También puedes establecer una fecha límite para la realización de cada paso o la frecuencia con la que lo repites. Por ejemplo, mirar vídeos en YouTube puede ser algo que hagas una vez a la semana, mientras que tomarte descansos para estudiar puedes hacerlo varias veces al día.

Si quieres tener más autodisciplina en un deporte en particular, prepara un plan similar de diez pasos. Según el deporte que practiques, el plan podría ser el siguiente:

Paso 1: Mira vídeos tutoriales acerca de diferentes técnicas deportivas.

Paso 2: Dedica una hora diaria a entrenar (puedes decidir cuántas veces quieres entrenar a la semana). Elabora un calendario de entrenamiento y determina en qué trabajarás cada día. Los lunes son para ejercicios de cardio, los martes para entrenamiento de fuerza y los miércoles para descansar.

Paso 3: Define los objetivos deportivos en los que te gustaría trabajar. Por ejemplo, si juegas al fútbol americano, podrías concentrarte en mejorar la velocidad.

Paso 4: Habla con tu entrenador sobre tus objetivos deportivos. Infórmale en qué estás trabajando y en qué áreas necesitas ayuda. Puedes, por ejemplo, pedirle consejos que te permitan correr más rápido.

Paso 5: Adapta tu dieta. Analiza lo que estás consumiendo y de qué manera puede estar afectando tu rendimiento deportivo. Elabora un plan de alimentación semanal y escribe las opciones de comida para el desayuno, el almuerzo y la cena.

Paso 6: Planifica días de descanso. Reserva tiempo para descansar entre las sesiones de entrenamiento. Ten un plan de actividades que puedas realizar en tus días de descanso. Por ejemplo, puedes aprovechar tus días de descanso para pasar tiempo con tu familia o dedicarte a actividades creativas.

Paso 7: Mira contenidos que te motiven. Anímate a trabajar más viendo motivación deportiva.

Paso 8: Realiza una revisión mensual de tus progresos. Comprueba lo lejos que has llegado en el cumplimiento de tus objetivos. Si es necesario, reajusta tus objetivos.

Paso 9: Encuentra formas de recompensarte por alcanzar tus objetivos deportivos. Busca pequeñas formas de mostrarte agradecido por tu gran esfuerzo.

Paso 10: Márcate nuevos objetivos deportivos para entrenar diferentes técnicas y destrezas.

4. Escribe varias formas de hacer un seguimiento de tus progresos a la hora de llevar a cabo tu plan estratégico. Puedes, por ejemplo, programar una llamada semanal con tu compañero de estudio para repasar los progresos en las tareas escolares o, si estás practicando un deporte, concentrarte en un objetivo concreto, como llegar a un determinado peso.

5. ¿Qué emociones negativas podrían obstaculizar tu compromiso con tu plan estratégico? Por ejemplo, ¿sueles posponer las cosas? ¿O te desanimas con facilidad cuando no te salen las tareas escolares?

6. Piensa en formas dinámicas de responder a estas emociones cuando aparezcan. Por ejemplo, si te sorprendes a ti mismo postergando las cosas, consulta tu lista de tareas y concéntrate en completar las que requieran menos tiempo y esfuerzo, para después ir trabajando poco a poco en las que lleven más tiempo.

_____

_____

_____

_____

_____

7. ¿Cómo puedes recompensarte por ser disciplinado en ese aspecto de tu vida? Por ejemplo, si progresas en los estudios, puedes premiarte con una hora más de televisión o una salida con tus amigos el fin de semana.

_____

_____

_____

_____

Conclusiones del capítulo

- Independientemente de que te inclines por desarrollar tus talentos o por esforzarte, tu nivel de autodisciplina será el gran ecualizador. La autodisciplina es la capacidad de seguir por el buen camino para poder lograr tus objetivos, pese a cómo te sientas o a los retos que se te presenten. Es el medio de transporte que te lleva del punto A al punto B y que garantiza que tus palabras coincidan con tus acciones.

- Exploramos varias estrategias que pueden ayudarte a desarrollar tu fortaleza mental.

Conclusión

Potenciar el nivel de nuestra mente es la única forma de disminuir las dificultades de la vida.

−Mokokoma Mokhonoana

La fortaleza mental constituye hoy en día un elemento esencial del desarrollo personal. Consiste en tener una actitud de no darse nunca por vencido y negarse a abandonar, aunque te enfrentes a objetivos difíciles o situaciones exigentes. La fortaleza mental no significa ser siempre positivo, sino tener la fuerza interior necesaria para superar una situación difícil y continuar avanzando a pesar de los obstáculos.

Son dos los componentes principales de la fortaleza mental: La resiliencia mental y el dominio emocional. La resiliencia mental consiste en la capacidad de adaptar el pensamiento y focalizarse en las soluciones, mientras que el dominio emocional supone identificar y entender las emociones para establecer relaciones significativas.

Los hábitos juegan un papel importante en la configuración de nuestro comportamiento. Eliminar los malos hábitos y adquirir otros saludables, depende de la comprensión del bucle del hábito, que consiste en la señal, la rutina y la recompensa.

Establecer objetivos es una de las formas más eficaces de desarrollar la fortaleza mental y el autocontrol. Estos objetivos te obligan a salir de tu zona de confort y a adquirir nuevos comportamientos, lo que fomenta la resiliencia. Para fijar objetivos eficaces, es fundamental que primero identifiques lo que realmente quieres y te asegures de que tus objetivos se ajusten a tus valores.

El talento y el esfuerzo son formas positivas de alcanzar tus objetivos, aunque la autodisciplina es el gran ecualizador. La autodisciplina es la capacidad de no desviarse del camino y lograr las metas, a pesar de las dificultades o los contratiempos. Independientemente de si confías en el esfuerzo o en el talento, la autodisciplina y la constancia son imprescindibles para garantizar que tus acciones coincidan con tus palabras

A lo largo de este manual, has aprendido sobre la fortaleza mental al explorar diferentes temas, tales como el desarrollo de la resiliencia mental y el dominio emocional, el cultivo de hábitos saludables y el establecimiento de objetivos ambiciosos. Siéntete libre de consultar el libro, o los ejercicios específicos que contiene, cada vez que necesites un recordatorio acerca de cómo recuperar el control de tus pensamientos, emociones y comportamientos.

Tu viaje hacia la fortaleza mental ya ha comenzado. ¡Disfruta del proceso de convertirte en la versión más resiliente de ti mismo!

Gracias

Querido lector, me gustaría aprovechar este momento para agradecerte. Sin tu compra e interés, no sería capaz de seguir escribiendo libros tan útiles como éste. Nuevamente, GRACIAS por leer este libro. Ojalá lo hayas disfrutado tanto como yo al escribirlo.

Antes de irte, tengo que pedirte un pequeño favor. **¿Podrías escribir una reseña de este libro en la plataforma? La publicación de una reseña contribuirá con mi escritura.**

Tus opiniones son muy importantes y me ayudarán a seguir publicando textos más interesantes en el futuro. Estoy deseando recibir tus comentarios.

Sólo tienes que seguir el enlace que figura a continuación.

>> Clic aquí para dejar una reseña en Amazon y ver mis otros libros <<

Referencias

Abika. (s.f.). Historias zen para contar a tus vecinos. En
Arvind Gupta
Toys.https://www.arvindguptatoys.com/arvindgupt
a/zen-for-neighbours.pdf

Bathla, S. (mayo 20, 2019). 6 Tipos de modelos de
pensamiento y ¿Cuál debería ser el tuyo? Medium.
https://medium.com/@sombathla/6-types-of-
thinking-patterns-and-what-should-be-yours-
acc498492b5a

Bolland, P. (junio 23, 2016). Reflexiones: La roca de Sísifo.
Peter Bolland.
http://peterbolland.blogspot.com/2016/06/the-
rock-of-sisyphus.html

Branch, R., & Willson, R. (2012). Libro de ejercicios de
terapia cognitivo-conductual para principiantes, 2ª
ed., Madrid, España. John Wiley & Sons.

Brian, P. (septiembre 26, 2021). 25 Personas resilientes que
superaron el fracaso para alcanzar un gran
éxito.Ideapod.com. https://ideapod.com/resilient-
people-who-overcame-failure-to-achieve-huge-
success/

Chernoff, M. (junio 5, 2016). 12 Frases que te traerán paz cuando te enfrentes a personas difíciles. Marc y Angel Hack Life. https://www.marcandangel.com/2016/06/05/12-quotes-that-will-bring-peace-when-you-deal-with-difficult-people/

Cherry, K. (octubre 2017, 22). Cómo la resiliencia ayuda a afrontar las crisis. Verywell Mind. https://www.verywellmind.com/what-is-resilience-2795059

Cooks-Campbell, A. (abril 11, 2022). ¿Qué quieres en tu vida? 11 preguntas y consejos para averiguarlo.Www.betterup.com. https://www.betterup.com/blog/what-do-i-want

Doorn, M. van. (junio 17, 2019). Eres el promedio de las cinco personas con las que pasas más tiempo. Medium. https://maartenvandoorn.medium.com/you-are-the-average-of-the-five-people-you-spend-the-most-time-with-a2ea32d08c72#:~:text=In%20the%20words%20of%20motivational

Duhigg, C. (2011). Cómo funcionan los hábitos. Charles Duhigg. https://charlesduhigg.com/how-habits-work/

Duhigg, C. (2014). El poder de los hábitos: por qué hacemos lo que hacemos en la vida y en los negocios. Random House Trade Paperbacks.

Dweck, C. S. (2006). Mentalidad: La nueva psicología del éxito. Ballantine Books.

Embogama. (agosto 5, 2016). Diferencia entre consciente y subconsciente. Definición, comparación de funciones y procesos.Pediaa.com. https://pediaa.com/difference-between-conscious-and-subconscious-mind/

Eurosport. (marzo 19, 2016). Cristiano Ronaldo: El esfuerzo es fundamental para mi éxito. Eurosport; Eurosport. https://www.eurosport.com/football/cristiano-ronaldo-hard-work-is-vital-to-my-success_sto5324288/story.shtml

Fabrega, M. (marzo 9, 2016). Cómo no rendirse - 8 estrategias para no abandonar.Daringtolivefully.com. https://daringtolivefully.com/how-to-not-give-up

Goleman, D. (en.). 4 Habilidades de inteligencia emocional para manejar las crisis.Www.kornferry.com. https://www.kornferry.com/insights/this-week-in-leadership/emotional-intelligence-skills-coronavirusleadership#:~:text=The%20four%20domains%20of%20Emotional

Goleman, D. (2005). Inteligencia emocional. Bantam Books.

Good Reads. (en.-a). *Citas de David Goggins (autor de Can't Hurt Me)*.Www.goodreads.com. https://www.goodreads.com/author/quotes/17977069.David_Goggins

Good Reads. (s.f.-a). Cita de Germany Kent.Www.goodreads.com. https://www.goodreads.com/author/show/8557658.Germany_Kent

Good Reads. (s.f.-b). Cita de Sadie Robertson.Www.goodreads.com. https://www.goodreads.com/author/show/8209245.Sadie_Robertson

Good Reads. (s.f.-c). El poder de tu subconsciente frases de Joseph Murphy.Www.goodreads.com. https://www.goodreads.com/work/quotes/2037992-putting-the-power-of-your-subconscious-mind-to-work#:~:text=%E2%80%9CJust%20keep%20your%20conscious%20mind

Griffin, T. (septiembre 1, 2022). Aprender del fracaso: Lecciones valiosas para recordar.Business.com.

https://www.business.com/articles/learning-from-failure/

Hurley, K. (Julio 14, 2022). ¿Qué es la resiliencia? Definición, tipos, desarrollo de la resiliencia, ventajas y recursos | everyday health. EverydayHealth.com. https://www.everydayhealth.com/wellness/resilience/

Indeed Editorial Team. (junio 4, 2021). 8 Consejos para esforzarse. Indeed Career Guide. https://www.indeed.com/career-advice/career-development/tips-for-how-to-work-hard

Indeed Editorial Team. (septiembre 16, 2º22) ¿Qué significa esforzarse? Indeed Career Guide. https://ca.indeed.com/career-advice/career-development/work-hard#:~:text=Hard%20work%20is%20going%20above

Jewell, T., & Hoshaw, C. (Noviembre 5, 2021). Respiración diafragmática: ejercicios, técnicas y más. Healthline. https://www.healthline.com/health/diaphragmatic-breathing#steps

Kelly, D. C. (septiembre 27, 2022). 48 Citas sobre el esfuerzo que te ayudarán a alcanzar tus metas.Blog.hubspot.com. https://blog.hubspot.com/sales/hard-work-quotes

Kihu, M. (abril 1, 2019). 5 Maneras de hackear tu subconciente y desvelar tu mejor vida. Fearless Soul. https://iamfearlesssoul.com/hack-your-subconscious-mind/

Killoren, C. (enero 13, 2021). 52 preguntas románticas para conocer mejor a tu pareja.Hellorelish.com. https://hellorelish.com/articles/romantic-questions-to-ask-your-partner.html

Lagudu, S. (septiembre 19, 2022). 51 citas inspiradoras sobre la vida de los adolescentes. MomJunction. https://www.momjunction.com/articles/teen-life-quotes_00462262/

Laurinavicius, T. (octubre 12, 2022). 30 frases sobre la fortaleza mental que te inspirarán a esforzarte más. Best Writing. https://bestwriting.com/quotes/mental-toughness

Leaf, C. (marzo 8, 2021). ¿En qué se diferencian la mente y el cerebro? Un neurocientífico lo explica. Mindbodygreen. https://www.mindbodygreen.com/articles/difference-between-mind-and-brain-neuroscientist

Mavi, M. (mayo 15, 2018). 10 cosas que tienen en común las personas muy disciplinadas. Atrium. https://www.atriumstaff.com/10-things-highly-disciplined-people-have-in-common/

Mayberry, M. (enero 18, 2017). 10 grandes citas sobre el poder de los objetivos. Entrepreneur. https://www.entrepreneur.com/leadership/10-great-quotes-on-the-power-of-goals/287411

Melman, C. (2012, octubre 17, 2021). 5 cosas que Cristiano Ronaldo hace mejor que Lionel Messi. Bleacher Report. https://bleacherreport.com/articles/1373932-5-things-that-cristiano-ronaldo-does-better-than-lionel-messi

Mental Toughness Partners. (octubre 26, 2016). Señales clave de que eres mentalmente más fuerte que la mayoría. www.mentaltoughness.partners. https://www.mentaltoughness.partners/mentally-stronger/

Mental Toughness Partners. (2022) ¿Qué es la fortaleza mental? www.mentaltoughness.partners. https://www.mentaltoughness.partners/what-is-mental-toughness/

Morgan, P. (en.). Guiones fáciles para conversaciones difíciles. Soluciones para la resiliencia.https://www.solutionsforresilience.com/hard-conversations/

Mr. Curry. (marzo 26, 2016). "Disciplina es elegir entre lo que más deseas y lo que quieres ahora". — Abraham Lincoln – Lee's Martial Arts. Leesbloomington. https://www.leesbloomington.com/2016/03/26/discipline-is-choosing-between-what-you-want-now-and-what-you-want-most-abraham-lincoln/

Nair, K. (septiembre 22, 2021). Cristiano Ronaldo desafía a la edad y marca 32,51 km/h para ser el jugador más rápido sobre el terreno de juego. Republic World. https://www.republicworld.com/sports-news/cricket-news/cristiano-ronaldo-defies-age-clocks-32-dot-51-km-h-to-become-fastest-player-on-field.html

Olusola, L. (agosto 20, 2022). Dominio emocional: Por qué es importanteThe Guardian Nigeria News. https://guardian.ng/features/emotional-mastery-why-it-matters/

Outreach. (noviembre 19, 2021). Pensamientos negativos y depresión. Sage Neuroscience Center. https://sageclinic.org/blog/negative-thoughts-depression/

Owaves. (enero 15, 2021). Un día en la vida: Cristiano Ronaldo, leyenda del fútbol. Owaves.com. https://owaves.com/day-plan/day-life-cristiano-ronaldo/

Pallas, A. (Julio 7, 2021). 5 Estrategias para desarrollar la empatía con las personas "difíciles".Www.linkedin.com. https://www.linkedin.com/pulse/5-strategies-develop-empathy-difficult-people-alexandra-pallas/

Peer, M. (junio 6, 2019). Las diferencias entre la conciencia y el subconsciente. Marisa Peer. https://marisapeer.com/the-differences-between-your-conscious-and-subconscious-mind/

Potts, N. (diciembre 9, 2020). "Disciplina es elegir entre lo que quieres ahora y lo que más quieres". Abraham Lincoln. Www.linkedin.com. https://www.linkedin.com/pulse/discipline-choosing-between-what-you-want-now-most-abraham-potts/

Ribeiro, M. (Abril 9, 2019). Cómo ser mentalmente fuerte: 14 formas de desarrollar fortaleza mental.PositivePsychology.com. https://positivepsychology.com/mentally-strong/#improve

Ringer, J. (2019). Tenemos que hablar: Una lista paso a paso para las conversaciones difíciles. Judy Ringer. https://www.judyringer.com/resources/articles/we-have-to-talk-a-stepbystep-checklist-for-difficult-conversations.php

Romano, C. (mayo 26, 2014). 10 maneras de identificar tus talentos y utilizarlos. Lifehack. https://www.lifehack.org/articles/productivity/10-ways-identify-your-talents-and-utilize-them.html

Russell, T. (junio 27, 2021). Por qué la teoría del bucle del hábito puede cambiar tu vida en pequeñas cosas. Greatist. https://greatist.com/happiness/habit-loop#breaking-habits

Tardi, C. (Julio 7, 2022). Cómo aplicar la regla 80-20. Investopedia. https://www.investopedia.com/terms/1/80-20-rule.asp

Tet. (s.f.). 31 frases para inspirar buenos hábitos. Productive and Free. https://www.productiveandfree.com/blog/31-habit-quotes

Torres, E. (Octubre 4, 2021). 99 frases positivas que puedes usar a diario. The Good Trade.

https://www.thegoodtrade.com/features/positive-affirmations-morning-routine

Traugott, J. (agosto 26, 2014). Conseguir tus objetivos: Un enfoque basado en la evidencia. MSU Extension. https://www.canr.msu.edu/news/achieving_your_g oals_an_evidence_based_approach

Vaughn, K. (junio 10, 2018). 5 cosas que debes decirte a ti mismo cuando quieras renunciar. Medium. https://kassandravaughn.medium.com/5-things-to-say-to-yourself-when-you-want-to-quit-b9e9be73ea54

Whitaker, A. (mayo 4, 2020). ¿Cuáles son tus talentos y habilidades naturales? (Artículo 4). Www.linkedin.com. https://www.linkedin.com/pulse/what-your-natural-talents-abilities-article-4-anne-whitaker/

Wilczek, F. (septiembre 23, 2015). La parábola de Einstein sobre la locura cuántica. Scientific American. https://www.scientificamerican.com/article/einstein -s-parable-of-quantum-insanity/#:~:text=%E2%80%9CInsanity%20is%20d oing%20the%20same

Made in the USA
Columbia, SC
03 May 2024

35229038R00078